Szenen 2

heute aktuell

Shuko Sato
Kyoko Shimoda
Daniel Arnold
Thoralf Heinemann

場面で学ぶドイツ語

SANSHUSHA

ドイツ語を話す国々

	ドイツ Ⓓ **Deutschland**	オーストリア Ⓐ **Österreich**	スイス Ⓒ Ⓗ **die Schweiz**	リヒテンシュタイン Ⓕ Ⓛ **Liechtenstein**
首都	ベルリン **Berlin**	ウィーン **Wien**	ベルン **Bern**	ファドゥーツ **Vaduz**
面積	35 万 7000km²	8 万 4000km²	4 万 1000km²	160km²
人口	8460 万人	911 万人	890 万人	3.9 万人
通貨	ユーロ（**Euro**）	ユーロ（**Euro**）	スイスフラン（**sFr**）	スイスフラン（**sFr**）

*CH=Confoederatio Helvetica（ラテン語）スイス連邦

はじめに

　本書は、『新・スツェーネン１　場面で学ぶドイツ語』の続編です。

　最初の『スツェーネン　場面で学ぶドイツ語』を出版して 25 年、その続編『スツェーネン２』を出版してから 20 年がたちました。その間、２度の改訂を行いましたが、再改訂後 10 年以上が経過しました。昨年、『スツェーネン１』に新しい試みを取り入れて３度目の改訂を行いましたので、『スツェーネン２』も併せて改訂することにしました。

　本書は、前編の文法知識（動詞の現在人称変化、名詞 1・4 格、前置詞＋名詞 3・4 格、分離動詞、話法の助動詞、現在完了形、sein と haben の過去形等）を前提としていますが、繰り返し文法の復習をするように構成していますので、未習の文法があっても、その都度簡単な説明があれば、使用できるようになっています。

　前編では、自分の日常生活をドイツ語で表現することが目標でした。この続編では、身近な事柄についてドイツ語圏の事情を学び、それに対応する日本事情をドイツ語で表現できるようにすることを目指しています。また、基本的な文法知識が一通り得られるように、前編で学習した文法を復習しつつ、新しい文法項目（形容詞、副文、再帰動詞、過去、接続法、受動文、関係文等）を学びます。

　各課には、聞き取り、対話、読み物と作文の課題があり、四技能「聞く、話す、読む、書く」が訓練されるようになっています。対話は少し長くなりますが、話しの進め方を知ることができるでしょう。丸暗記するのではなく、重要な文型や表現を覚え、場面や内容に応じて自分で対話を作ってみてください。

　２課終了毎に、学習者の言語活動の場を広げるための Wechselspiel、副詞や前置詞句の語順を学ぶための Wortschlange、発音練習のための Zungenbrecher 等を掲載したページを挿入しました。

　学習した語彙や文法が繰り返されることによって、学んだことが確かなものとなり、また、応用できることを実感するでしょう。一つの課が他の課の予習や復習にもなります。興味に応じて、課の順序を入れ替えて学習してもかまいません。楽しくドイツ語を学びましょう。

　本書を通して、ドイツ語とドイツ語圏への関心が一層高まることを願っています。

著　者

Inhalt もくじ

Zusammenfassung （これまで学習した文法と表現）

1. **Stellen Sie sich und Ihre Familie vor.** 自分自身と家族の紹介文を書きなさい。

> Mein Name ist _____. Ich _____ aus _____
> und _____ jetzt in _____. Ich bin _____ und
> studiere _____ in _____. Ich _____ Japanisch
> und ein bisschen _____. Ich _____ Deutsch. Mein Hobby
> ist _____. Ich _____ auch gern _____.
> Ich esse gern _____, aber nicht so gern _____. Und ich
> trinke gern _____ und nicht gern _____.
> Mein Vater/Meine Mutter ist _____. ....
> Ich habe _____. ....

2. **Bilden Sie Fragesätze.** 右の文の下線部を答えとする疑問文を作りなさい。

1. _____ Ich heiße Paul.
2. _____ Meine Mutter ist Beamtin.
3. _____ Das ist mein Großvater.
4. _____ Ja, ich habe einen Bruder und eine Schwester.
5. _____ Mein Bruder ist 25.
6. _____ Nein, ich kann nicht Klavier spielen, aber ich
   kann Gitarre spielen.
7. _____ Das heißt „Brille" auf Deutsch.
8. _____ Nein, ich habe leider keine Videokamera.
9. _____ Es ist Viertel nach eins.
10. _____ Der Unterricht beginnt um 8:50 Uhr.
11. _____ Heute ist der elfte Mai.
12. _____ Ich finde den Vortrag sehr interessant.
13. _____ Der Vortrag findet in der Aula statt.   *e* Aula 講堂
14. _____ Ich jobbe dreimal pro Woche.
15. _____ Von zu Haus bis zur Uni brauche ich eine Stunde.

3. **Was hat Anna diese Woche vor?** アンナの今週の予定を作文しなさい。

Mo.	ein Referat schreiben	*Am Montag schreibt sie ein Referat.*
Di.	für die Prüfung lernen	_____
Mi.	in ein Konzert gehen	_____
Do.	eine Prüfung machen	_____
Fr.	einkaufen gehen	_____
Sa.	das Zimmer aufräumen	_____
So.	zu ihren Eltern fahren	_____

4. Schreiben Sie den Tagesablauf von Peter. ペーターの一日を作文しなさい。

1	7:00	2	7:30	3	8:20	4	9:00	5	11:45
6	14:40	7	18:50	8	21:15	9	22:10	10	23:30

~~aufstehen~~   an einem Seminar teilnehmen   nach Hause zurückkommen
fernsehen   mit dem Fahrrad zur Uni fahren   seine Eltern anrufen
seine Freunde in der Mensa treffen und mit ihnen zu Mittag essen
ins Bett gehen   eine Vorlesung besuchen   frühstücken

1. *Peter steht um sieben Uhr auf*
2. *Um halb acht* _____
....

5. Ergänzen Sie. 空欄を補い、文を完成しなさい。1～4は疑問詞（＋形容詞）または前置詞と冠詞を、
5～6は（ ）内の動詞・助動詞を正しい形にして補いなさい。

1. ● _Wie_ kommst du _____ Uni?   ○ Ich fahre _____ _____ U-Bahn und _____ Bus.
2. Meine Schwester wohnt _____ Studentenheim, und ich wohne _____ _____ Eltern.
3. ● Du hast eine Wohnung? _____ _____ ist die Miete?   ○ 360 Euro _____ Monat.
   ● Und _____ _____ ist die Wohnung?   ○ Sie ist 28 m² groß.
   ● Was hast du _____ Zimmer?   ○ _____ _____ Fenster steht mein Tisch.
   Und _____ _____ Tür ist mein Bett.
4. ● _____ fahren Sie _____ Sommer?   ○ Ich fahre _____ Meer.
   ● _____ fahren Sie?   ○ Ende Juli.
   ● _____ _____ fahren Sie?   ○ _____ meinen Freunden.
   ● _____ fahren Sie?   ○ Wir fahren _____ _____ Auto.
   ● _____ _____ bleiben Sie dort?   ○ Eine Woche.
5. (wollen, fahren, können, wandern, machen, möchten, schwimmen)
   ● Ich _will_ in die Berge _____.
   Da _____ wir sehr gut _____.
   Und was _____ du _____?   ○ Ich _____ lieber am Meer campen.
   Da _____ man schön _____.
6. (haben, machen, jobben, arbeiten, sein)
   ● Was _hast_ du in den Ferien _____?   ○ Ich _____ in einem
   Supermarkt _____ .
   ● Und wie lange _____ du _____?   ○ Drei Wochen. Und du?
   Was _____ du _____?
   ● Ich _____ mit meiner Familie in Hawaii.   ○ Wie _____ es?
   ● Wir _____ viel Spaß.

Wo ist das? Hören und antworten Sie.
場所がどこなのか、対話を聞いて A～D から選びなさい。

001
-004

Ⓐ Im Restaurant　　Ⓑ Im Café　　Ⓒ Am Kiosk　　Ⓓ Am Imbiss

Situation	1	2	3	4
wo?				

s Glas, ̈er　s Kännchen, -　e Dose, -n　e Tasse, -n　e Flasche, -n　r Becher, -

 Was trinken die Leute? Hören Sie noch einmal die Dialoge und antworten Sie.
もう一度対話を聞いて、正しい飲み物を選びなさい。

001
-004

1) Der Mann trinkt

☐ a)　　☐ b)　　☐ c)

2) Bernd trinkt

☐ a)　　☐ b)　　☐ c)

3) Das Kind trinkt

☐ a)　　☐ b)　　☐ c)

4) Die Frau trinkt

☐ a)　　☐ b)　　☐ c)

GETRÄNKE　IMBISS „UM DIE ECKE"

kalt			heiß		
Dose			**Becher**		
e Fanta / e Sprite / e Cola	(0,33 l)	1,80 €	r Kaffee	(0,20 l)	1,60 €
Flasche (zzgl. 0,25 € Pfand)			r Cappuccino	(0,20 l)	1,80 €
e Fanta / e Sprite / e Cola	(0,33 l)	2,10 €	r Espresso	(0,20 l)	1,50 €
e Apfelschorle	(0,33 l)	2,00 €	r Tee (Earl Grey/Jasmin)	(0,20 l)	1,60 €
s Mineralwasser	(0,50 l)	1,90 €			
r Orangensaft / r Apfelsaft	(0,20 l)	1,70 €	s Bier (Dose)	(0,30 l)	2,50 €
			s Bier (Flasche)	(0,50 l)	3,70 €

heiß 熱い　zzgl.(=zuzüglich) …抜きで、…プラス　s Pfand, ̈er 保証金、デポジット
e Apfelschorle アプフェルショルレ（リンゴジュースを炭酸入りミネラルウォーターで割った飲み物）

1. Zum Mitnehmen oder hier Essen? お持ち帰りですか、ここで食べますか

Dialog 1 (A=Anne, P= Paul, V=Verkäufer)

005

A: Ich habe Hunger. Gehen wir etwas essen?
P: Ja, ich habe auch Hunger. Was möchtest du essen?
A: Ich habe heute Lust auf Pizza.
P: Ich kenne hier in der Nähe einen Imbiss.

V: Guten Tag. Bitte schön.
A: Guten Tag, ich nehme eine Pizza vegetarisch und einen Salatteller.
P: Für mich bitte eine Currywurst mit Pommes.
V: Ja, gerne. Zum Mitnehmen oder hier Essen?
A: Zum Mitnehmen bitte. Und zwei Flaschen Fanta.
V: Sonst noch etwas?
A: Nein, danke. Das ist alles.
V: Das macht zusammen 15 Euro 60.

Übung 1 Machen Sie ähnliche Dialoge. Benutzen Sie die beiden Karten.
8 ページの飲み物のメニューと下のメニューを使って対話しなさい。

SPEISEKARTE IMBISS „UM DIE ECKE"

Döner		Würste		Pizza	
r Döner	5,50 €	e Bratwurst mit Brot	4,00 €	e Pizza Margherita	3,70 €
r Döner Jumbo	7,50 €	mit Pommes	4,30 €	e Pizza Spezial	4,10 €
r Döner vegetarisch	5,50 €	s Paar Weißwürste		e Pizza vegetarisch	3,90 €
		mit Brezel	4,50 €		
r Döner extra scharf	5,90 €	mit Kartoffelsalat	5,00 €		
		s Paar Wiener mit Brot	4,00 €	r Salatteller	2,50 €
e Portion Pommes Frites		mit Kartoffelsalat	4,80 €	r Salat mit Ei	2,90 €
klein	2,00 €	e Currywurst mit Brot	4,20 €		
groß	2,50 €	mit Pommes	4,50 €		

Übung 2 Machen Sie Dialoge. Benutzen Sie die beiden Karten.
8 ページの飲み物のメニューと上のメニューを使って対話練習しなさい。

● Was trinken und essen Sie?
　○ Ich nehme _____
● Und Sie? Was möchten Sie?
　▲ Ich möchte _____

r Hunger 空腹
e Lust 欲求
auf ... Lust haben
…を食べたい

kennen 知っている

kennen
具体的・体験的に知っている

wissen
知識として知っている（副文
を目的語とすることが多い）

r Imbiss, -e
ファストフード店

vegetarisch 植物性の
pl Pommes =
Pommes frites
フライドポテト

zum Mitnehmen
テイクアウト

zu ... のために
s Mitnehmen
[動詞の名詞化
☞ 77 ページ]

mit|nehmen
持って行く

sonst そのほかに
zusammen 全部で

r Döner, -
(=Dönerkebab)
ドネルケバブ

extra 特別に、極めて
scharf 辛い
e Portion, -en 一人前
s Paar, - 二つ一組
e Weißwurst, ¨e
白ソーセージ

e Brezel, -n
8の字型の堅焼きパン

Wiener
(Würstchen)
ウィンナーソーセージ

Spezial スペシャル

2. Wir möchten gern bestellen. 注文したいのですが

bestellen 注文する

 Dialog 2 (A=Anne, P=Paul, K=Kellner)

006

K: Hier bitte schön, die Speisekarte.
A/P: Danke.
A: Wir möchten gern bestellen.
K: Ja, gern. Was trinken Sie?
A: Ich nehme eine Cola.
P: Und ich bekomme ein Mineralwasser ohne Kohlensäure.
K: Kommt sofort!

e Kohlensäure 炭酸
sofort すぐに

K: So, eine Cola und ein Mineralwasser ohne Kohlensäure.
A/P: Danke.
K: Haben Sie schon gewählt?
A: Ich möchte ein Wiener Schnitzel und einen Gurkensalat.
K: Und Sie? Was bekommen Sie?
P: Ich nehme eine Forelle „Müllerin Art" und
eine Tomatensuppe.
K: Ja, gerne.

wählen 選ぶ

e Forelle, -n ます

 Übung 3 Machen Sie ähnliche Dialoge mit der Speisekarte.
メニューを使って対話しなさい。

Suppen		Fischgerichte	
e Tomatensuppe	3,70 €	*e* Forelle „Müllerin Art" mit Salzkartoffeln und Salat	12,80 €
e Nudelsuppe	3,80 €	*s* Lachsfilet mit Bratkartoffeln und Salat	16,90 €
e Kartoffelsuppe	7,50 €	*e* Fischplatte für 2 Personen	33,90 €
		pl Tintenfischringe mit Reis	14,50 €
		s Rotbarschfilet paniert mit gemischtem Salat	12,90 €

kalte Getränke			
r Rotwein	4,00 €	*s* Mineralwasser mit/ohne Kohlensäure	2,40 €
r Weißwein	4,00 €	*s* Spezi	2,40 €
s Bier	3,10 €	*e* Apfelschorle	2,40 €
r Radler	3,10 €	*e* Cola	2,40 €

r Radler
ラードラー（ビールとレモ
ネードを混ぜた飲み物）

s Spezi
シュペーツィ（レモネード
とコーラを混ぜた飲み物）

3. Das Essen kommt. 食事がきます

Dialog 3 (A=Anne, P=Paul, K=Kellner)

007

> K: So, bitte schön. Guten Appetit!
> A/P: Danke.
> P: Guten Appetit!
> A: Gleichfalls.
> P: Die Forelle schmeckt sehr gut. Sie ist frisch und saftig.
>   Wie schmeckt das Schnitzel?
> A: Es ist auch lecker. Möchtest du mal probieren?
> P: Ja, gern .... du hast recht. Es ist sehr zart.
>   Willst du auch mal die Forelle probieren?
> A: Nein, danke. Ich esse Forelle nicht so gern.
> P: Schade! Sie schmeckt wirklich gut.

Übung 4 Machen Sie ähnliche Dialoge. メニューを使って対話しなさい。

heiß	warm	kalt	bitter	süß	salzig	sauer
scharf	würzig	saftig	fruchtig	knusprig	zart	
	zäh	fettig	weich	alt	frisch	trocken

Fleischgerichte	
e Bratwurst mit Kartoffelsalat	7,60 €
s Wiener Schnitzel mit Pommes frites und Salat	13,70 €
r Schweinebraten mit Sauerkraut und Kartoffelpüree	11,30 €
r Sauerbraten mit Klößen und Rotkohl	15,80 €
r Rinderbraten mit Nudeln und Gemüse	16,40 €
s Tofusteak mit Reis und Brokkoli	9,80 €

> s Tagesmenü   21,80 €
> e Tagessuppe
> e Rinderroulade mit Bratkartoffeln und Salat
> r Obstkuchen mit Sahne

Salate	
r Gurkensalat	4,60 €
r Salatteller der Saison	5,30 €

Inklusive Mehrwertssteuer

---

schmecken
味がする、おいしい

frisch 新鮮な

saftig ジューシーな

lecker おいしい

probieren 試食する

recht haben 正しい

zart （肉が）柔らかい

schade 残念な

wirklich 本当に

bitter 苦い

süß 甘い

salzig 塩辛い

sauer 酸っぱい

würzig
スパイスの利いた

fruchtig フルーティーな

knusprig
（焼きたてで）ぱりっ〈か
りっ〉とした

zäh （肉などが）堅い

fettig 脂肪分の多い

weich 柔らかい

alt 古い

trocken
乾いた、（酒が）辛口の

Übung 5) Sie möchten Nachtisch bestellen. Machen Sie Dialoge.
デザートを注文する対話をしなさい。

eigentlich
本来は、本当は

satt 満腹した

etwas Süßes
何か甘いもの［形容詞の名
詞的用法 ☞ 13 ページ］

e **Sahne** 生クリーム

008

○ Das Essen hat wirklich gut geschmeckt.
　Wollen wir Nachtisch bestellen?
● Eigentlich bin ich schon satt. Aber ich habe Lust auf etwas Süßes.
○ Gut, ich nehme <u>ein Eis</u> und <u>einen Kaffee</u> dazu. Und du?
● Ich nehme <u>einen Schokoladenpudding</u>.
○ Willst du auch <u>einen Kaffee</u>?
● Nein, lieber <u>einen Jasmintee</u>.

Dessert (Nachtisch)	
r Eisbecher mit Sahne	4,80 €
r Schokoladenpudding	3,20 €
r Obstsalat	4,50 €
r Apfelkuchen	3,40 €
r Käsekuchen	3,40 €

Getränke	
r Kaffee	2,60 €
r Cappuccino	3,20 €
r Espresso	2,30 €
r Tee mit Zitrone	3,30 €
r Minztee mit Honig	3,50 €
r Jasmintee	3,40 €

4. Zahlen bitte! 支払いお願いします

Dialog 4) (A=Anne, P=Paul, K=Kellner)

009

getrennt 別々に
bezahlen 代金を支払う

A: Zahlen bitte!
K: Ja, gern. Zusammen oder getrennt?
A: Getrennt bitte. Ich bezahle <u>das Wiener Schnitzel</u>,
　<u>den Gurkensalat</u> und <u>die Cola</u>.
K: Das macht <u>20 Euro 70</u>.
A: <u>23</u> Euro bitte. (Sie gibt <u>25</u> Euro.)
K: Danke, <u>2</u> Euro zurück. Und was bezahlen Sie?
P: Ich bezahle <u>die Forelle</u>, <u>die Tomatensuppe</u> und
　<u>das Mineralwasser</u>.
K: Das macht <u>18 Euro 90</u>.
P: Stimmt so. (Er gibt <u>20</u> Euro.)
K: Danke schön.

Stimmt so.
おつりは結構です。

Übung 6) Machen Sie Dialoge. 下の表（ウェイター役は合計金額を記入）を
使って、注文したものを支払う対話をしなさい。

A
Bier	3,10 €	Weißwein	4,00 €	Apfelschorle	2,40 €
Salatteller	5,30 €	Tintenfischringe	14,50 €	Rinderbraten	16,40 €
	€		€		€

B
Rotwein	4,00 €	Spezi	2,40 €	Mineralwasser	2,40 €
Sauerbraten	15,80 €	Schweinebraten	11,30 €	Tagesmenü	21,80 €
	€		€		€

5. Biergärten in Süddeutschland 南ドイツのビアガーデン

Lesetext

In Süddeutschland sind Biergärten besonders im Sommer sehr beliebt. Man sitzt mit der Familie, Freunden oder Bekannten draußen an großen Tischen, in der Sonne oder unter Bäumen. Viele Erwachsene trinken eine Maß. Das ist ein Liter Bier. Kinder lieben Spezi, ein Mischgetränk aus Cola und Limonade.

Zum Essen gibt es oft Weißwürste oder Brathähnchen, mit Brot oder Salzbrezeln. Als Gemüse gibt es traditionell Radieschen und Rettich, in Süddeutschland auch „Radi" genannt. Viele Biergärten haben Selbstbedienung. In manchen Biergärten kann man sein Essen mitbringen. Nur die Getränke muss man dort kaufen. Man bezahlt Pfand und muss die Gläser zurückbringen.

> **Übung 7** Lesen Sie den Text und beantworten Sie die Fragen.
> テキストを読んで、次の質問に答えなさい。

1. Wo sitzt man im Biergarten in Süddeutschland?
2. Was trinken Erwachsene und Kinder?
3. Was ist eine Maß?
4. Was kann man im Biergarten essen?
5. Bezahlt man am Tisch?
6. Was kann man mitbringen?

pl Bekannte 知人
[形容詞の名詞的用法]

draußen 外で（に）
e Sonne 太陽
pl Erwachsene 大人
[形容詞の名詞的用法]

e Maß, -[e] （ビール1リットルが入った）ジョッキ

s Mischgetränk, -e 混合飲料

s Brathähnchen, - ローストチキン

traditionell 伝統的な（に）

s Radieschen, - ラディッシュ

r Rettich, -e 大根

e Selbstbedienung セルフサービス

manch かなりの数の
manchen [形容詞＋名詞複数3格]

mit|bringen 持参する

zurück|bringen 戻す
muss → müssen しなければならない[話法の助動詞 ☞ 33 ページ]

不定冠詞 4 格

男性名詞	中性名詞	女性名詞	複数
einen Döner	ein Schnitzel	eine Pizza	Würste

形容詞の名詞的用法

男性・女性・複数（人）

	男性		女性		複数
1格	ein	Bekannter	eine	Bekannte	Bekannte
4格	einen	Bekannten			
3格	einem	Bekannten	einer	Bekannten	Bekannten

中性（物・事）　　　　　形容詞が重なる場合 (複数)　　　形容詞の格変化（形容詞＋名詞複数）

1格	etwas	Süßes	1格	viele	Erwachsene	1格	große	Tische
4格			4格			4格		
3格	etwas	Süßem	3格	vielen	Erwachsenen	3格	großen	Tischen

Grammatik

Eva bucht ein Hotelzimmer

011

Hören Sie und beantworten Sie die Fragen. 対話を聞いて、質問に答えなさい。

1. Wann wollen Eva und Martin im Hotel übernachten?
   ☐ Sonntag　　☐ Samstag　　☐ Samstag und Sonntag

2. Welches Zimmer bucht Eva?

   A. ☐　　　　　　　　B. ☐　　　　　　　　C. ☐

3. Wie viel kostet Evas Zimmer?
   ☐ 60 Euro　　☐ 75 Euro　　☐ 90 Euro

4. Wo übernachten sie?

   A. ☐　　　　　　　　B. ☐　　　　　　　　C. ☐

buchen 予約する　übernachten 宿泊する　*r* Strand, ¨-e 浜

1. Aus einem Hotelprospekt ホテルリストのマーク

s Einzelzimmer, -
一人部屋

e Dusche, -n シャワー
s Doppelzimmer, -
二人部屋

s Bad, ⁼er バスルーム
r Fahrradverleih, -e
自転車のレンタル

r Wellnessbereich,
-e ウエルネスエリア
barrierefrei
バリアフリー

r Freizeitraum, ..⁼e
レジャールーム

r Hund, -e 犬
mit|bringen
連れて来る

zentral 中心に
gelegen（に）ある
[liegen の過去分詞]
liegen 位置している

Übung 1 Was bedeuten diese Symbole? Ordnen Sie zu. 次のマークは何を示
していますか。例にならい、下から語彙を選び、番号を記入しなさい。

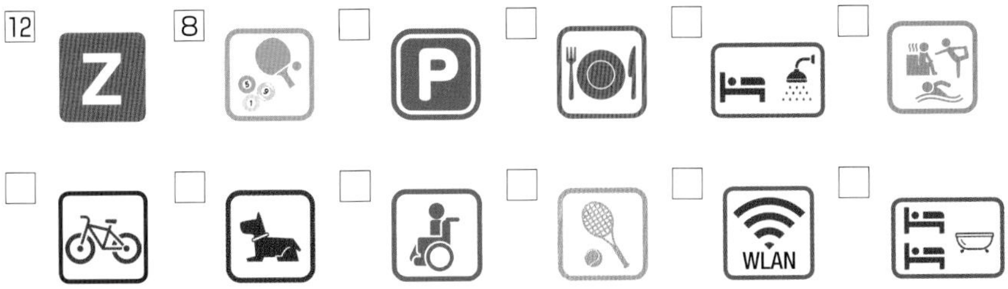

① *Einzelzimmer mit Dusche* ⑤ *Restaurant (s)* ⑨ *Tennisplatz (r)*
② *Doppelzimmer mit Bad* ⑥ *Wellnessbereich (r)* ⑩ *Hunde mitbringen*
③ *WLAN (s)* ⑦ *barrierefrei* ⑪ *Parkplatz (r)*
④ *Fahrradverleih (r)* ⑧ *Freizeitraum (r)* ⑫ *zentral gelegen*

Übung 2 Was gibt es? Was kann man machen? Schreiben Sie.
例にならって作文しなさい。

Das Hotel liegt zentral.

Da kann man Hunde mitbringen.

Da gibt es einen Wellnessbereich. Da kann man
schwimmen, in die Sauna gehen und Yoga machen.

Das Hotel ist barrierefrei. Da kann man den Rollstuhl
benutzen.

r Rollstuhl, ..⁼e
車椅子

fünfzehn 15

2. Anna und Patrick wollen nächstes Wochenende verreisen.

アンナとパトリックは今度の週末に旅行に出かけるつもりです

verreisen 旅行に出る

nächst (英 *next*) 次の
frei haben 休みである
lass uns ... …しよう
irgendwohin
どこかへ
wieder 再び
letzt (英 *last*) 最後の

応用語句

男性名詞
　nächsten / letzten
　　Sommer / Winter /
　　Monat / Urlaub
中性名詞
　nächstes / letztes
　　Wochenende
女性名詞
　nächste / letzte
　　Woche

移動の方向 → 新スツェー
ネン1　11課88ページ

🔊 **Dialog 1**　(A=Anna, P=Patrik)
012

A: Du Patrick, nächstes Wochenende haben wir doch beide frei. Lass uns irgendwohin fahren.
P: Wohin möchtest du denn fahren?
A: Fahren wir doch wieder in die Berge?
P: Ach nein, da waren wir letzten Sommer schon. Ich möchte lieber mal eine Stadt besichtigen, z. B. München.
A: Gute Idee, da waren wir noch nie.
P: Gut, dann suchen wir im Internet ein Hotel.

Übung 3　Machen Sie ähnliche Dialoge.
下の語彙を使って旅行先を決める対話をしなさい。

in die Berge fahren	nach Garmisch / Innsbruck / ... ins Allgäu / Berner Oberland
eine Stadt besichtigen	München / Salzburg / Zürich
an einen See / Fluss fahren	an den Bodensee / Chiemsee / Rhein an die Donau / Mosel
ans Meer fahren	an die Nordsee / Ostsee

🔊 **Übung 4**　Anna und Patrick informieren sich im Internet. Hören Sie das
013　Gespräch und ergänzen Sie. アンナとパトリックはインターネットで調べます。対話を聞いて空欄を補いなさい。

r Mietwagen, -
レンタカー

e Anreise, -n 到着
e Abreise, -n 出発
TT.MM.JJJJ
Tag Monat Jahr
日付

e Person, -en 人
e Anzahl 数
s Budget, -s 予算
e Mahlzeit, -en 食事
e Vollpension (VP)
3食付きの宿泊

e Halbpension (HP)
2食付きの宿泊

Easy-Booking.de

✈ Flug	Hotel	Flug&Hotel	🚗 Mietwagen	🏠 Event/Tickets

Reiseziel: _____　Anreise: _____　Abreise: _____
　　　　　　　　　　　　(TT.MM.JJJJ)　　　　　(TT.MM.JJJJ)

Personen: Erwachsene: _____　Kinder: _____　Anzahl Zimmer: _____

Budget	Mahlzeiten	Bett	Anderes
☐ € 100~200	☐ Vollpension (VP)	☐ 🛏 1 Doppelbett	☐ Parkplatz
☐ € 200~300	☐ Halbpension (HP)	☐ 🛏🛏 2 Einzelbetten	☐ Wellness
☐ € 300~400	☐ Frühstück		☐ Freizeitraum
☐ über € 400	☐ nichts		☐ Bar

3. Anna und Patrick sprechen über die Hotels.

アンナとパトリックはホテルについて話しています

 Dialog 2 (A=Anna, P=Patrik)

♪14

> P: Wie findest du das Hotel Eurostar? Das liegt zentral.
> A: Stimmt, aber da kann man nicht parken und
>   es gibt keinen Tennisplatz.
> P: Und das Hotel Kontinent? Dort gibt es WLAN und
>   einen Wellnessbereich.
> A: Genau. Und es hat vier Sterne.
>   Aber die Bewertung ist ein bisschen schlechter.
> P: Ich finde die Pension Prinz besser.
>   Sie ist barrierefrei und es gibt auch einen Freizeitraum.
> A: Ja. Und die Bewertung ist am besten.
>   Und es sind nur 3 Minuten bis zur U-Bahnstation.
> P: Schön, dann lass uns die Pension Prinz buchen.

Stimmt./Genau.
そのとおりだ

besser/schlechter
(als ...)
(…より) 良い / 悪い

am besten/
schlechtesten
最も良い / 悪い

e Bewertung, -en
評価

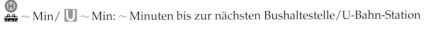

~ Min/ ~ Min: ~ Minuten bis zur nächsten Bushaltestelle/U-Bahn-Station

 Übung 5 Machen Sie ähnliche Dialoge.

Dialog 2 にならってホテルについて対話しなさい。

> Wie findest du ...?   Was meinst du?

> ... ist besser als ... / ... ist schlechter als ...

> ... ist am besten. / ... ist am schlechtesten.

> Ja./Genau./Stimmt. Und ... (positiv), aber ... (negativ).

> Das finde ich auch. Und ... (positiv), aber ... (negativ).

[4格] meinen
[…⁴と] 思う、[…⁴という]
意見である

positiv 肯定的な
negativ 否定的な

4. Ankunft im Hotel ホテルに到着して

e Ankunft 到着
an|kommen 到着する

s Nichtraucherzimmer
禁煙ルーム

ab …から、…以降
lauten
（…という）内容である

e Rezeption, -en
（ホテルの）フロント、受付

 Übung 6 Mia und Lukas kommen im „Hotel Löwen" an. Hören Sie das
015 Gespräch und antworten Sie.
ミアとルーカスはホテルに着きます。対話を聞いて答えなさい。

1. Wie lange übernachten Mia und Lukas? _____ Nächte.
2. Nehmen sie ein Nichtraucherzimmer? ☐ Ja. ☐ Nein.
3. Ab wie viel Uhr kann man frühstücken? Ab _____ Uhr.
4. Wie lautet das Passwort für das WLAN? _____

5. Anna und Patrick kommen im Hotel an und gehen zur Rezeption.
アンナとパトリックはホテルに到着しフロントに行きます

 Dialog 3 (R=Rezeption, P=Patrik)
016

> R: Guten Tag.
> P: Guten Tag. Wir haben ein Zimmer für Fischer gebucht.
> R: Einen Moment. Fischer…
>   Ja, hier. Für 2 Personen, ein Doppelzimmer für 2 Nächte.
> P: Genau.
> R: Ihr Zimmer ist im 3. Stock, Zimmernummer 309.
>   Hier ist Ihre Schlüsselkarte.
> P: Danke. Eine Frage noch.
>   Von wann bis wann kann man frühstücken?
> R: Das Frühstücksbüffet ist von sieben bis halb elf offen.
>   Der Frühstückssaal ist im Café im Erdgeschoss.

s Frühstücksbüffet,
-s/-e
ビュッフェスタイルの朝食

r Saal, Säle
ホール、広間

s Untergeschoss, -e
地階

 Übung 7 Machen Sie ähnliche Dialoge.
下の語彙を使ってフロントでの対話をしなさい。

Bauer 1 Person	1 Einzelzimmer 3 Nächte	8. Stock Zi 812	die Sauna benutzen	*r* Wellnessbereich 13:00~24:00	*e* Sauna neben dem Schwimmbad im Untergeschoss
Hübner 4 Personen	2 Doppelzimmer 1 Nacht	11. Stock Zi 1107	in die Hotelbar gehen	*e* Hotelbar & *e* Disco 20:00~1:30	*e* Hotelbar im 12. Stock
Ackermann 3 Personen	1 Doppelzimmer 1 Einzelzimmer 5 Nächte	4. Stock Zi 414	den Tennisplatz benutzen	*r* Tennisplatz 9:00~19:30	*r* Tennisplatz hinter dem Parkplatz

6. Ein ganz besonderes Hotel 風変わりなホテル

Lesetext

017

Ayaka und Lina sitzen vor dem Computer und planen gemeinsam eine Wochenendreise nach Süddeutschland. „Schau mal hier, Ayaka. In Amberg gibt es ein Gefängnishotel. Du hast doch gesagt, du möchtest gerne etwas Spezielles erleben." „Was genau ist denn das?" fragt Ayaka. „Das war früher ein Gefängnis. Alle Zimmer sind in ehemaligen Zellen." Lina klickt auf die Bilder. Es gibt viele Themenzimmer, z.B. das Arzt-Zimmer, das Kapellen-Zimmer oder die Gefängnisdirektor-Suite. „Das klingt interessant", findet Ayaka. „Warum gibt es in allen Zimmern eine Flasche Wasser und eine Scheibe Brot?" „Früher hat man den Insassen nur Wasser und Brot gegeben", erklärt Lina. „Aber heute gibt es ein schönes Frühstücksbüffet." „Klick doch mal auf *Geschichte*." Ayaka und Lina lesen den Text über die 300-jährige Geschichte des Gefängnisses. „Oh, das ist ja richtig gruselig. In den Zellen hat man früher Verbrecher gefoltert und sogar hingerichtet." „Na, Ayaka, möchtest du da mal übernachten?" „Ach, ich weiß nicht …."

Übung 8 Richtig(r) oder falsch(f)? 該当する方に×印をつけなさい。

	r	f
1. Das Gefängnishotel ist in Norddeutschland.	☐	☐
2. Das Hotel ist in einem modernen Gefängnis.	☐	☐
3. Die Zellen sind jetzt bequeme Zimmer.	☐	☐
4. In dem Gefängnis hat man keine Gefangenen hingerichtet.	☐	☐
5. Zum Frühstück gibt es auch heute nur Wasser und Brot.	☐	☐

besonder 特別な
gemeinsam 一緒に
schauen 見る
s Gefängnis, -se 刑務所
speziell 特別な
erleben 体験する
genau 正確な
ehemalig 以前の
e Zelle, -n 独房
s Bild, -er 画像
s Thema, ..men テーマ
e Kapelle, -n 礼拝堂
r Gefängnisdirektor, ..toren 刑務所長
e Suite, -n スイートルーム
klingen (…のように) 聞こえる
e Scheibe, -n (パンなどの) スライス
r Insasse, -n (ここでは) 囚人
erklären 説明する
gruselig ぞっとする
r Verbrecher, - 犯罪者
foltern 拷問にかける
hin|richten 処刑する
bequem 快適な

Grammatik

形容詞の比較変化

原級	billig	schlecht	teuer	alt	groß	nah	gut
比較級	billiger	schlechter	teurer	älter	größer	näher	besser
最上級	(am) billigst(en)	schlechtest	teuerst	ältest	größt	nächst	best

Das Hotel Palast ist **teurer** *als* das Hotel Eurostar. パラストホテルはオイロスターホテルより高い。

Das Hotel Kontinent ist **am teuersten**. コンティネントホテルが一番高い。

Das Hotel Kontinent ist *das* **teuerste** (Hotel). コンティネントホテルが一番高い (ホテルだ)。

Das Hotel Eurostar ist *so* **alt** *wie* die Pension Prinz.
オイロスターホテルはプリンツペンションと同じくらい古い。

= Das Hotel Eurostar und die Pension Prinz sind *gleich* **alt**.

Ja, das kann ich! 1

Wechselspiel A ⇄ B Welche Gerichte zeigen die Fotos? Schreiben Sie die Namen.
写真の下に料理の名前を下から選んで書きなさい。(B auf Seite 96. B は 96 ページ)

A

_____ _____ €   _____ _____ €   _____ _____ €   _____ _____ €

_____ _____ €   _____ _____ €   _____ _____ €   _____ _____ €

> Salatteller der Saison   Bratwurst mit Pommes   Paar Weißwürste mit Brezel
> Sauerbraten mit Klößen und Rotkohl   Döner   Rotbarschfilet
> Bratwurst mit Kartoffelsalat   Portion Pommes Frites groß

Suchen Sie auf S. 9 vier dieser Gerichte und tragen Sie die Preise ein.
9 ページのメニューにある 4 つの料理を探し、その値段を書き入れなさい。

Fragen Sie sich gegenseitig und schreiben Sie die Preise.
例にならって互いに質問し、値段を書き入れなさい。

A: Was kostet eine Bratwurst mit Kartoffelsalat?   B: _____

B: Was kostet ein Paar Weißwürste mit Brezel?   A: Es _____

Wechselspiel A ⇄ B Fragen Sie sich gegenseitig und schreiben Sie die Antworten in die Tabelle.
互いに質問し、答えを書き入れなさい。(B auf Seite 96.)

A

A: Wohin möchtest du gehen?
B: Ich möchte ins Ristorante Milano gehen.

Gasthof Waldheimat
Regionale Küche
12:00-14:30, 18:00 - 00:30 Uhr (Di. geschlossen)
Menü € 12,60 - € 28,80
Außenterasse geöffnet
10119 Berlin Torstr. 21
www.waldheimat.de   waldheimat@gmy.de

Name :	Ristorante Milano
Küche :	
Öffnungszeiten :	
Preis :	
Draußen sitzen?	
Adresse :	
Internetseite :	
Mail :	

🔊 „Kurtaxe"

018

In manchen Urlaubsorten bezahlt man zusätzlich zum Zimmerpreis noch eine Kurtaxe. Mit der Kurtaxe unterstützen die Urlauber die touristische Infrastruktur. Die Höhe der Kurtaxe ist von Ort zu Ort verschieden, in der Regel zwischen 2 Euro bis 4 Euro pro Person und Übernachtung.

Der Gast bekommt bei der Ankunft im Hotel eine Gästekarte. Mit der Gästekarte kann man z.B. kostenlos den Bus oder die Straßenbahn benutzen. Man bekommt oft auch Ermäßigungen bei Konzerten oder in Museen.

An der Ost- und Nordsee kann man mit der Gästekarte kostenlos den Strand benutzen. Tagesurlauber kaufen am Automaten eine Tageskarte. Kinder sind meistens von der Kurtaxe befreit, aber in einigen Kurorten bezahlt man sogar für den Hund eine Kurtaxe.

e Kurtaxe, -n 療養施設利用税 *r* Urlaubsort, -e 休暇地 zusätzlich 追加で unterstützen 支持する、援助する *r/e* Urlauber/in, -/..nen 休暇中の旅行者 touristisch 観光旅行の *e* Infrastruktur, -en インフラ *e* Höhe 程度、大きさ von Ort zu Ort 場所毎に in der Regel ふつうは、たいていは kostenlos 無料の *e* Ermäßigung, -en 割引 *r/e* Tagesurlauber/in 日帰り客 *r* Automat, -en 自動販売機 von (+3格) befreit sein (…³を) 免除されている sogar それどころか

🔊

019

Man sitzt (mit der Familie / draußen / an großen Tischen) unter Bäumen.

Ich möchte gerne (diesen Sommer / mit meiner Freundin / in den Bergen) etwas Spezielles erleben.

🔊 Zungenbrecher

020

Zwanzig zerquetschte Zwetschgen
und zwanzig zerquetschte Zwetschgen
sind vierzig zerquetschte Zwetschgen.

Klaus Knopf liebt Knödel, Klöße und Klopse. Knödel, Klöße und Klopse liebt Klaus Knopf.

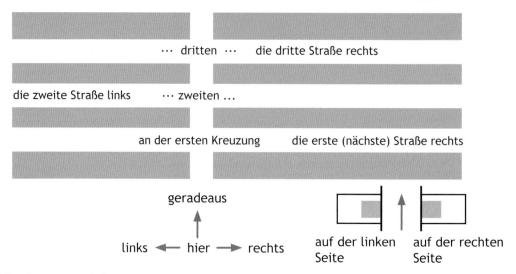

… dritten … die dritte Straße rechts

die zweite Straße links … zweiten …

an der ersten Kreuzung die erste (nächste) Straße rechts

geradeaus

links ← hier → rechts

auf der linken Seite auf der rechten Seite

Wie komme ich zu... ? …へはどう行ったらいいですか

021-025

Hören Sie. Wo sind die Universität (1), die Berliner Bank (2), der Imbiss (3), der Zoo (4) und die Hauptpost (5)? Schreiben Sie die Dialognummern und Namen in die Gebäude hinein. Die Nummern sind die Ausgangspunkte der Dialoge. 地図をよく見て対話を聞き、大学（1）、ベルリン銀行（2）、ファストフード店（3）、動物園（4）、中央郵便局（5）はどこか、対話の番号と建物の名前を書き入れなさい。地図にある番号は各対話の出発点です。

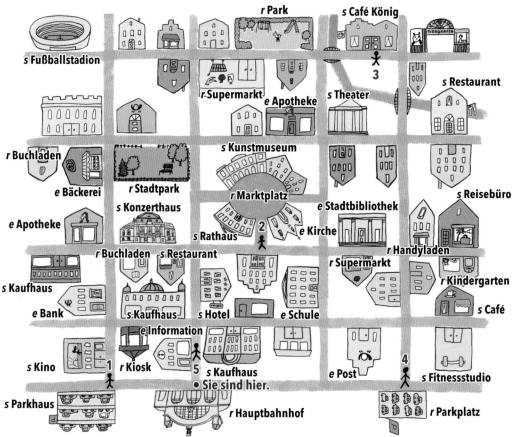

1. Wie komme ich zur Post? 郵便局へはどう行ったらいいですか

Dialog 1 (Y=Yuriko, P=Passant)

026

> Y: Entschuldigung, wo ist die Post?
> P: Gehen Sie hier geradeaus, dann die erste Straße nach rechts.
> Y: Danke schön.

Dialog 2 (Y=Yuriko, P=Passant)

027

> Y: Verzeihung, wie komme ich zum Konzerthaus?
> P: Zum Konzerthaus? Gehen Sie immer geradeaus,
>   an der zweiten Kreuzung nach links.
>   Dann sehen Sie rechts das Konzerthaus.
> Y: Vielen Dank.

Übung 1 Machen Sie Dialoge. Benutzen Sie den Stadtplan auf Seite 22.
Sie stehen vor dem Bahnhof.
22 ページの地図を使って対話しなさい。あなたは駅の前にいます。

r	*s*	*e*
Marktplatz?	Fitnessstudio?	Schule?
Stadtpark?	Kunstmuseum?	Stadtbibliothek?
Zoo?	Fußballstadion?	Kirche?

2. Wo gibt es hier einen Supermarkt? この近くでスーパーはどこにありますか

Dialog 3 (Y=Yuriko, P=Passant)

028

> Y: Entschuldigung, wo gibt es hier einen Supermarkt?
> P: Einen Supermarkt? Also, gehen Sie hier immer
>   geradeaus, dann an der vierten Kreuzung nach rechts.
>   Dann sehen Sie auf der rechten Seite den Supermarkt.
> Y: Danke.

Übung 2 Machen Sie Dialoge. 地図を使って対話しなさい。

r	*s*	*e*
Kiosk?	Restaurant?	Bank?
Parkplatz?	Kino?	Apotheke?
Buchladen?	Café?	Bäckerei?

---

r Passant, -en 通行人

Verzeihung
すみません

immer 絶えず
e Kreuzung, -en
交差点

zum | Marktplatz (*r*)
　　| Konzerthaus (*s*)
zur Schule (*e*)

r Marktplatz, ..̈e
市の立つ広場

e Apotheke, -n 薬局

Side glossary

dieser これ

指示代名詞1格
dieser (r)
dieses (s)
diese (e)

enthalten 含む
müssen …しなければ
ならない（☞ 33 ページ）
e Theaterkasse, -n
（劇場の）切符売り場

r Stadtführer, -
街の観光ガイドブック
e Tageskarte, -n
一日乗車券
s Päckchen, -
郵便小包
verschicken 発送する
e Kultur 文化
s Kulturprogramm, -e
催し物プログラム

wiegen
（…の）重さがある

ungefähr およそ

---

3. In der Touristeninformation ツーリスト・インフォメーションで

Übung 3 Hören Sie und füllen Sie die Lücken aus.
029 対話を聞いて空欄を補いなさい。

(A=Angestellter, T= Touristin)

A: Guten Tag, bitte schön?
T: Guten Tag, ich suche einen Stadtplan. Haben Sie _____?
A: _____, bitte sehr. Dieser enthält viele Informationen.
T: _____. Kann man hier Musicalkarten bestellen?
A: _____, leider nicht. Da müssen Sie zur Theaterkasse gehen.
T: Danke. Auf Wiedersehen.

Übung 4 Machen Sie ähnliche Dialoge. 下線部を入れ替え対話しなさい。

r Stadtführer r Fahrplan s Kulturprogramm	Tageskarten kaufen Päckchen verschicken Konzertkarten bestellen	r Kiosk e Post s Konzerthaus

4. Auf der Post 郵便局で

Dialog 4 (T=Takashi, A=Angestellte)
030

T: Guten Tag. Ich möchte dieses Paket nach Japan
schicken. Hier, bitte schön.
A: Was haben Sie in dem Paket?
T: In dem Paket sind Souvenirs.
A: Also, es wiegt 1,5 kg. Wir haben die Warenpost
International L. Bis 2 kg kostet es 19,90 Euro.
T: Und wie lange braucht das Paket nach Japan?
A: Nach Japan ungefähr eine Woche.
T: Gut, das nehme ich.

Übung 5 Machen Sie ähnliche Dialoge. Benutzen Sie die Gebührentabelle
auf Seite 25. 25 ページの料金表を使って対話しなさい。

			Sie	Partner / in
Frankreich 3 Flaschen Wein (1,7 kg) 3 Tage	China Bücher (800 g) 14 Tage	Spanien CDs (250 g) 4 Tage		

Gebühren Warenversand International			
Bezeichnung	Maße	max. Gewicht	EU / Non-EU
Warenpost International XS	L: 14 - 35,3 cm B: 9 - 25 cm H: bis 3 cm	bis 500 g	3,20 € / 3,80 €
Warenpost International S	L: 14 - 60 cm B: 9 - 60 cm L+B+H: max. 90 cm	bis 500 g	3,70 € / 5,00 €
Warenpost International M	L: 14 - 60 cm B: 9 - 60 cm L+B+H: max. 90 cm	bis 1000 g	7,00 € / 9,00 €
Warenpost International L	L: 14 - 60 cm B: 9 - 60 cm L+B+H: max. 90 cm	bis 2000 g	17,00 € / 19,90 €

e Gebühr, -en 料金
e Ware, -n 品物
r Versand 発送
e Bezeichnung, -en 名称、表示
s Maß, -e 寸法, サイズ
max. = maximal 最大限の
s Gewicht 重さ、重量
L = Länge 長さ
B = Breite 幅
H = Höhe 高さ

5. Münchens größter Nachtflohmarkt ミュンヘン最大の夜の蚤の市

Lesetext

031

Im Frühling beginnt wieder die Zeit der Flohmärkte in Deutschland. Petra freut sich, denn für wenig Geld kann man dort viele gebrauchte Sachen kaufen. Es gibt z. B. DVDs, Videospiele, Bekleidung und Bücher.

Sie fragt Tim: „Nächsten Samstag gibt es doch in München ab 17:00 Uhr den *Midnightbazar*. Dort finden Livekonzerte statt, und man kann internationales Streetfood probieren. Möchtest du mitkommen?" „Super! Ich wollte schon immer einmal dorthin gehen", sagt Tim. „Wenn wir früh kommen, gibt es vielleicht noch Schnäppchen. Du weißt doch, ich feilsche gerne." „Und wir treffen dort vielleicht auch Tina und Robert. Sie wollen das Livekonzert der *Dancing Cowboys* sehen", sagt Petra.

r Frühling 春
r Flohmarkt, ..-e 蚤の市
sich freuen 喜ぶ
wenig 少しの
für …と引き換えに
gebraucht 中古の
e Sache, -n 物
e Bekleidung, -en 衣類
s Streetfood いろいろな国の日常にはないおいしい食べ物
wollte [wollen の過去形 ☞ 71 ページ]
schon immer 今までずっと
wenn もし…ならば [従属接続詞 ☞ 41 ページ]
s Schnäppchen, - (ブランドの) 特価品、目玉商品

Übung 6) Korrigieren Sie die Fehler. 間違いを訂正しなさい。

1. Die Flohmärkte in Deutschland beginnen immer im ~~Winter~~.
         Frühling
2. Die Sachen auf dem Flohmarkt sind neu. _____
3. Feilschen macht die Sachen teurer. _____
4. Der Nachtflohmarkt ist in Frankfurt. _____
5. Streetfood ist Essen nur aus Deutschland. _____
6. Der Flohmarkt beginnt um 18:00 Uhr. _____

wissen の現在人称変化	
ich ⎤ weiß er/es/sie ⎦	
du	weißt

feilschen 値切る

s Rathaus 市役所

müssen の現在人称変化
ich ⎤ er/es/sie ⎦ **muss**
wir ⎤ sie ⎦ **müssen**

um|steigen
乗り換える

e Richtung, -en
方向、行先

r Standort, -e 現在地

s Ziel, -e 目的地

Hbf
(=Hauptbahnhof)
中央駅

6. Nehmen Sie die U-Bahnlinie 1. 地下鉄1番線に乗りなさい

032

Dialog 5 Yuriko ist in Ohlstedt und möchte zum Rathaus. Sie fragt einen Passanten. (Y=Yuriko, P=Passant)

Y: Entschuldigung, wie komme ich zur Station Rathaus?

P: Rathaus? Nehmen Sie die U-Bahnlinie 1, Richtung Garstedt.

Y: Muss ich umsteigen?

P: Ja, Sie müssen Hamburg Hauptbahnhof umsteigen. Nehmen Sie dort die U-Bahnlinie 3, Richtung Barmbek.

Y: Wie viele Stationen sind es?

P: Bis Hamburg Hauptbahnhof 17 und von dort bis zur Station Rathaus noch einmal 2.

Y: Vielen Dank.

Übung 7 Machen Sie ähnliche Dialoge. 空欄に記入し、対話をしなさい。

Standort	Ziel
Horner Rennbahn	Zoo
Hamburg Hauptbahnhof	Billstedt
(In Ihrer Stadt)	

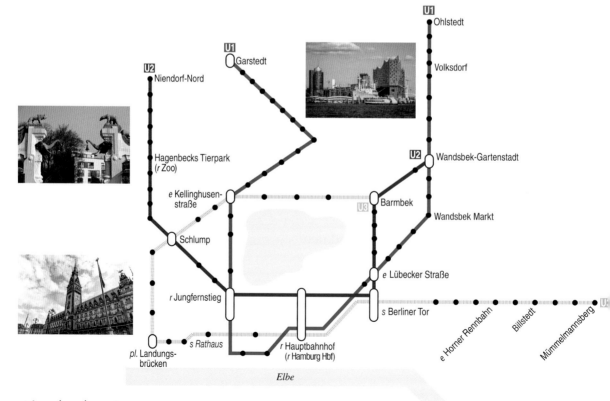

7. Straßenkünstler ストリートパフォーマー

In deutschen Fußgängerzonen sieht man sie im Sommer fast überall: Straßenkünstler. Sie möchten mit ihrer Kunst etwas Geld verdienen. Besonders gute Straßenkünstler treten auch auf Festivals auf. Sie machen Musik, malen, sind Akrobaten oder machen Straßentheater. Am Ende der Vorstellung lassen die Künstler den Hut herumgehen und sammeln Geld. Man kann bis zu 100 Euro am Tag verdienen. Straßenkünstler brauchen eine Genehmigung. Diese bekommt man im Rathaus. Sie kostet ungefähr 10 Euro. In München müssen Straßenmusiker im Rathaus vorspielen, bevor sie eine Genehmigung bekommen.

Übung 8 Beantworten Sie die Fragen. 質問に答えなさい。

1. Wo sieht man die Straßenkünstler im Sommer?
2. Warum spielen die Künstler?
3. Was machen die Straßenkünstler?
4. Warum lassen sie den Hut herumgehen?
5. Wie viel verdienen manche Straßenkünstler am Tag?
6. Wo bekommt man eine Genehmigung zum Spielen?

---

e Fußgängerzone, -n 歩行者専用区域
überall いたるところで
r Straßenkünstler, - 大道芸人、ストリートパフォーマー

etwas 少し
verdienen 稼ぐ
auf|treten 出演する
malen 絵を描く
r Akrobat, -en アクロバット師
e Vorstellung, -en 上演

lassen (英 let) …させる
r Hut, -̈e 帽子
herum|gehen 回って行く、順々に回る

sammeln 集める
e Genehmigung, -en 許可
vor|spielen 演奏して聞かせる

bevor …する前に [従属接続詞 ☞ 41 ページ]

Grammatik

指示代名詞 1・4 格

	男性	中性	女性・複数
1 格	dieser	dieses	diese
4 格	diesen		

形容詞の格変化（定冠詞・定冠詞類がつくとき）

	男性名詞	中性名詞	女性名詞	複数
1 格	der große Tisch	das alte Hotel	die linke Seite	die großen Tische
4 格	den großen Tisch			
3 格	dem großen Tisch	dem alten Hotel	der linken Seite	den großen Tischen

冠詞 2 格とその用法

	男性・中性名詞		女性名詞・複数
定冠詞	des	-(e)s	der
所有冠詞	meines	-(e)s	meiner
不定冠詞	eines	-(e)s	einer / −

2格は名詞の後ろについて所有関係を表す。

am Ende **der** Vorstellung 上演の終わりに
die 300-jährige Geschichte **des** Gefängnis**ses** 刑務所の 300 年の歴史

034 -039 Wohin und womit fahren die Leute? Hören Sie und kreuzen Sie an.

対話を聞いて該当するものを選びなさい。

	wohin?		womit?				
D1	☐ Paris ☐ Wien	☐ Hamburg ☐ Rom	☐ 🚗	☐ 🚊	☐ ✈	☐ 🚌	☐ ⛴
D2	☐ Westerwald ☐ Schwarzwald	☐ Bodensee ☐ Ostsee	☐ Ⓢ	☐ 🚲	☐ 🚶	☐ 🏍	☐ 🚗
D3	☐ Paris ☐ Japan	☐ Frankfurt ☐ Straßburg	☐ 🚊	☐ ✈	☐ 🚕	☐ 🚌	☐ Ⓢ
D4	☐ Kopenhagen ☐ Konstanz	☐ Krakau ☐ Köln	☐ Ⓤ	☐ 🚊	☐ ✈	☐ 🚗	☐ 🚌
D5	☐ Hannover ☐ Hamburg	☐ Paris ☐ Prag	☐ ✈	☐ 🚊	☐ 🚌	☐ 🚗	☐ 🏍
D6	☐ Italien ☐ Schweden	☐ Spanien ☐ Norwegen	☐ ⛴	☐ ✈	☐ 🚊	☐ Ⓢ	☐ 🚗

Abfahrt Freiburg(Breisgau) Hbf DB

Zeit	Zug	in Richtung	Gleis
8:57	ICE 372 🍴🚲	Mannheim Hbf 10:24 – Frankfurt(Main) Hbf 11:08 – Berlin Hbf 15:27 – Berlin Ostbahnhof 15:39	1
9:56	ICE 200 🍴	Karlsruhe Hbf 10:59 – Mannheim Hbf 11:24 – Frankfurt(Main) Flughafen 12:06 – Bonn 12:46 – Köln Hbf 13:05	5
10:15	ECE 151	Basel Bad Bf 10:45 – Basel SBB 10:54 – Luzern 12:05 – Lugano 14:01 – Chiasso 14:46 – Milano Centrale 15:50	3
11:49	ICE 74 🍴🚲	Karlsruhe Hbf 12:49 – Mannheim Hbf 13:14 – Frankfurt(Main) Hbf 13:52 – Hannover Hbf 16:17 – Hamburg Hbf 17:35 – Kiel Hbf 18:43	4
15:56	ICE 254 ICE INTERNATIONAL 🍴	Karlsruhe Hbf 16:58 – Mannheim Hbf 17:23 – Frankfurt(Main) Flughafen 18:06 – Köln Hbf 19:05 – Amsterdam Centraal 22:30	2
21:58	IC 60670 NIGHTJET NJ 40470 🚲🛏🍴	Berlin Südkreuz 7:18 – Berlin Hbf 7:38 – Hamburg Hbf 7:53 – Hamburg-Altona 8:09	1

ICE	Intercity-Express	🛏	Zug mit Schlaf-/Liegewagen
EC	Eurocity	🍴	Bordrestaurant
IC	Intercity	🚲	Zug mit Fahrradabteil (Reservierung!)
ECE	Eurocity-Express		

e Abfahrt 出発 *s* Gleis（～番）線 Bad Bf (=Badischer Bahnhof) バーデン駅
SBB (=Schweizerische Bundesbahn) スイス連邦鉄道 *s* Abteil 車室 *e* Reservierung 予約

1. Sabine und Paul fahren nach Hamburg ザビーネとパウルはハンブルクへ行きます

 Dialog 1 (S=Sabine, P=Paul)
40

> S: Wann fährt der nächste Zug nach Hamburg?
> P: Um 11:49 Uhr.
> S: Um wie viel Uhr kommen wir dann in Hamburg an?
> P: In Hamburg Hauptbahnhof um 17:35 Uhr.
> S: Wo fährt der Zug ab?
> P: Von Gleis 4. Komm, wir müssen uns beeilen.

dann それならば

ab|fahren 出発する
sich⁴ beeilen 急ぐ
[再帰動詞 ☞ 57 ページ]

Übung 1 Machen Sie Dialoge. Benutzen Sie den Fahrplan auf Seite 28.
Sie sind auf dem Freiburger Hauptbahnhof. フライブルクから列車
に乗ります。28 ページの時刻表を使って対話しなさい。

Es ist					
Zug nach	Mannheim	Köln	Amsterdam	Berlin	Lugano

Übung 2 Wie lange dauert die Fahrt von Freiburg? Machen Sie Dialoge.
フライブルクから列車でどのくらいかかるか対話をしなさい。

41

nach	Mannheim	Karlsruhe	Hamburg Hbf	Kiel	Amsterdam
mit dem	ICE 372				
Stunden	1 ½				

○ Wie lange dauert die Fahrt von Freiburg nach Mannheim?
　● Mit dem ICE 372 etwa eineinhalb Stunden.

dauern かかる
e Fahrt 走行

2. Am Fahrkartenschalter auf dem Bahnhof 駅の券売窓口で

r Fahrgast, ..gäste
乗客

Bahnangestellte/r
鉄道職員、駅員
[形容詞の名詞的用法]

direkt 直接の、直行の
hin|fahren
（乗り物で）行く

einfach 片道の
hin und zurück 往復
r Sitzplatz, ..-e 座席
reservieren 予約する

 Dialog 2 (F=Fahrgast, B=Bahnangestellter)

042

> F: Ich möchte von Freiburg nach München fahren.
>   Kann man da direkt hinfahren?
> B: Nein, Sie müssen in Mannheim umsteigen.
>   Möchten Sie einfach oder hin und zurück?
> F: Hin und zurück bitte, für zwei Personen.
>   Ich möchte auch Sitzplätze reservieren.
> B: Wann möchten Sie reisen?
> F: Am 20. Oktober.
> B: Das macht 420 Euro.

Übung 3 Machen Sie Dialoge. Benutzen Sie das Schienennetz auf Seite 31 und die Fahrpreise unten. 31 ページの鉄道路線図と下の運賃表を参考に Dialog 2 にならって切符を買う対話を作りなさい。

r Fahrpreis, -e 運賃

Fahrpreise 2. Klasse für einfache Fahrt (in Euro)

2. Klasse von/nach	Berlin	Frankfurt (Main)	Köln	Mannheim	München
Bonn	128	65	17	80	144
Bremen	94	125	70	90	152
Dresden	43	104	151	122	131
Freiburg	152	69	123	51	101
Hamburg	82	127	92	131	152
Hannover	73	95	75	103	140
Leipzig	50	89	140	105	118

Platzreservierung (pro Richtung) €4

Übung 4 Hören Sie und antworten Sie.
対話を聞いて、正しい答えを選びなさい。

043
-047

e Rückfahrkarte, -n
往復切符

1. Sie müssen umsteigen. ☐ ja ☐ nein

2. Eine Rückfahrkarte nach Basel kostet
   ☐ 8,50 Euro. ☐ 9,30 Euro. ☐ 18,15 Euro. ☐ 18,50 Euro.

3. Der Zug fährt von Gleis ☐ 6 ☐ 7 ☐ 15 ☐ 16 ab.

4. Sie fahren am
   ☐ 5. Juni. ☐ 14. Juni. ☐ 15. Juni. ☐ 14. Juli.

5. Sie kommen um
   ☐ 11:43 Uhr ☐ 12:34 Uhr ☐ 12:43 Uhr an.

3. Anders als in Japan 日本とは違う

Lesetext

Das Bahnfahren in Deutschland ist für Japaner sehr ungewohnt.
Zum Beispiel gibt es in deutschen Bahnhöfen keine Bahnsteig-
sperren. Die Tickets kauft man am Automaten, am Schalter oder
im Internet. Aber als Begleitperson kann man ohne Ticket zu den
Gleisen gehen. In der Straßenbahn oder im Bus muss man die
Fahrkarte selbst am Entwerter entwerten, sonst ist sie nicht gültig.
Es gibt manchmal Kontrollen. „Schwarzfahrer" müssen 60 Euro
bezahlen. In der U-Bahn oder S-Bahn muss man selbst einen Knopf
drücken, um die Tür zu öffnen. Es geht nicht automatisch. Oft sieht
man auch Fahrräder in der U-Bahn oder S-Bahn. Das darf man in
Deutschland. Man muss aber extra eine Fahrkarte kaufen. Sogar
Hunde dürfen mitfahren. Sie müssen aber angeleint sein und große
Hunde brauchen einen Maulkorb.

> **Übung 5** Beantworten Sie die Fragen. 上の文を読んで次の問いに答えなさい。

1. Ich möchte meine Freundin zum Gleis begleiten.
   Muss ich ein Ticket kaufen?
2. Was muss man in der Straßenbahn machen?
3. Wie viel muss ein „Schwarzfahrer" bezahlen?
4. Wie geht die Tür auf? Was muss man machen?
5. Kann man ein Fahrrad mitnehmen?
6. Muss man für sein Fahrrad auch eine Fahrkarte kaufen?

---

anders als …
…とは違って

s Bahnfahren
鉄道で行くこと［動詞の名
詞化☞ 77 ページ］

ungewohnt 不慣れな
r Bahnsteig, -e
プラットホーム

e Sperre, -n 改札口
r Schalter, - 窓口
e Begleitperson, -en
見送り / 出迎えの人

selbst 自分で
am Entwerter
entwerten 自動改札機
で乗車日時を入れる

gültig 有効な
e Kontrolle, -n 検札
r Schwarzfahrer, -
不正乗客

r Knopf, ⁻e ボタン
drücken 押す
um … zu … …を…す
るために（☞ 77 ページ）

öffnen 開ける
automatisch 自動的に
extra 別に、追加して
dürfen …してもよい
mit|fahren
一緒に乗って行く

angeleint sein
繋いでいる

r Maulkorb, ..⁻e 口輪

dürfen の現在人称変化	
ich er/es/sie	darf
wir sie	dürfen

* Entwerter, Hunde,
Fahrräder の扱いは都
市によって異なる。

auf|gehen 開く

4. Yuka und Tim reisen durch Deutschland. ユカとティムがドイツ旅行をしています

 Übung 6　Schauen Sie sich die Bilder an und hören Sie die Dialoge. Wo
049
-054
sind sie und wie heißen die Städte? Ordnen Sie zu.
対話を聞いて、該当する写真に対話1〜6の番号と都市名を記入しなさい。

☐ Dom und Musical am Rhein
_____

☐ Segelregatta auf der Alster
_____

☐ Brandenburger Tor
_____

☐ Schloss und Alte Brücke
_____

☐ Semperoper
_____

☐ Martinstor
_____

☐ Glockenspiel am Marienplatz
_____

☐ Festung Marienberg
_____

---

e Segelregatta,
..gatten ヨットレース
e Brücke, -n 橋
s Glockenspiel, -e
カリヨン
e Festung, -en 城砦
an|sehen 見る
r Reiseführer, -
旅行ガイドブック
Lass[命令形☞ 47 ページ]
mal ちょっと
prima すばらしい
r Alsterdampfer, -
アルスター湖遊覧船

5. Was kann man in Hamburg machen? ハンブルクでは何ができますか

 Dialog 3　　Anna und Lisa sind zusammen in Hamburg.
055　　　　Sie sehen den Reiseführer an.

A: Lisa, ich möchte gern die Stadt besichtigen.
　Was kann man hier machen?
L: In Hamburg kann man vieles machen. Lass mal sehen. Es
　gibt z. B. die Michaeliskirche. Wir können am Vormittag
　die Michaeliskirche besichtigen.
A: Ja, prima. Und was machen wir am Nachmittag?
L: Wir können mit dem Alsterdampfer fahren.

Übung 7 Machen Sie Dialoge zu Städten auf Seite 32. Und was kann man in Ihrer Heimat machen? 32 ページの都市について、またあなたの町で何ができるか、対話しなさい。

s Glockenspiel   *e* Frauenkirche   zum Viktualienmarkt   zu Mittag

ins Musical   den Kölner Dom   auf den Turm

e Semperoper (eine Führung)   in die Frauenkirche

Kanu   eine Alsterschifffahrt   den Segelbooten beim Wettkampf   im Café am Alsterufer

s Schloss Heidelberg   eine Schifffahrt auf dem Neckar   *s* Feuerwerk

sehen besichtigen gehen essen steigen hören
machen fahren zuschauen trinken sitzen

r Turm, ¨e 塔 *e* Führung, -en 案内 *e* Schifffahrt 遊覧船観光 *r* Wettkampf, ..¨e 競技 *s* Ufer, - 岸
s Feuerwerk, -e 花火 [3格] bei (+3格) zu|schauen […³が] (…³するのを) 眺める

 ## Was darf/kann/muss man hier (nicht) machen?

Schreiben Sie. ここでは何をしてよいですか / できますか / しなければなりませんか / してはなりませんか。
例にならって作文しなさい。

1	2	3	4	5	6
7	8	9	10	11	12

1. Hier dürfen nur Fußgänger gehen.   2. Hier kann man die U-Bahn nehmen.
3. Hier muss man _____.

rauchen   geradeaus fahren   fotografieren   ein Taxi nehmen

essen und trinken   stoppen   die U-Bahn nehmen   Fußgänger 歩行者

parken   nach rechts fahren   auf die Toilette gehen   kein Handy benutzen

---

話法の助動詞 dürfen と müssen の現在人称変化と意味

ich **darf**	wir **dürfen**		ich **muss**	wir **müssen**
du **darfst**	ihr **dürft**		du **musst**	ihr **müsst**
Sie dürfen			Sie müssen	
er/es/sie **darf**	sie **dürfen**		er/es/sie **muss**	sie **müssen**

dürfen は許可、nicht dürfen は禁止、müssen は必然性、nicht müssen は不必要を表す。
Ihr **dürft** *mitkommen.* 君たちは一緒に来てもよい。   Hier **darf** man **nicht** Rad *fahren.* 自転車乗入禁止。
Ich **muss** früh *aufstehen.* 早起きしなくてはならない。 Du **musst nicht** *bazahlen.* 君は支払わなくていいよ。

Grammatik

Spiel „Berlin entdecken"

Sie sind gerade am Hauptbahnhof in Berlin angekommen und möchten ein paar Tage bleiben.
Spielen Sie je nach Situation passende Dialoge.
一人は観光客、一人は状況に応じて通行人や従業員になり、対話しなさい。

1. Fragen Sie am Haupt-
bahnhof in der Touristen-
information nach einem
Stadtplan. (S.24)

2. Sie möchten mit der
S-Bahn zum
Brandenburger Tor
fahren. Fragen Sie
nach dem Weg. (S.26)

3. Sprechen Sie über die
beiden Hotels unten.
Welches Hotel wählen
Sie? Und warum? (S.17)

9. Bezahlen Sie das Essen.
(S.12)

4. Sie haben ein Hotel
gebucht und
checken nun ein. (S.18)

8. Sie gehen deutsch
essen. Bestellen Sie
im Restaurant. (S.10)

5. Bestellen Sie an
der Rezeption
Musicalkarten für
Samstagabend
(König der Löwen).

7. Sie gehen zur Post
und schicken Ihr Paket
mit den Souvenirs
nach Japan. (Warenpost
International; 2 kg)
(S.24)

6. Sie möchten noch
Souvenirs für Ihre
Eltern kaufen. Fragen
Sie, wie man mit der
U-Bahn zum KaDeWe
(Kurfürstendamm)
kommt. (S.26)

Hotels in Berlin

Hotel Parorama Panoramastraße 76	🛏🚿	79 €	🛏🚿	87 €	**US** Alexanderplatz	Z 🚲 🍴 🐴
Hotel Lindenhof Behrenstraße 428	🛏🛁🚿 103 €	84 €	🛏🛁🚿 117 €	98 €	**U** Brandenburger Tor	P 🚲 🍴 📶 WLAN

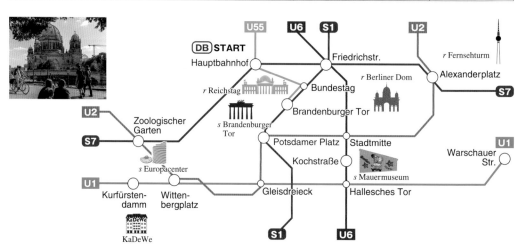

Deutschland/Österreich/Schweiz-Quiz

1) Welches Land ist am kleinsten?
   ○ Deutschland ○ Österreich ○ die Schweiz

2) Welches ist die größte Stadt in Österreich?
   ○ Graz ○ Salzburg ○ Wien

3) Durch welche dieser Länder fließt die Donau?
   ○ Deutschland ○ Österreich ○ die Schweiz

4) Welches Land ist bekannt für seine Kaffeehäuser?
   ○ Deutschland ○ Österreich ○ die Schweiz

5) Wie heißt ein bekanntes Schweizer Nationalgericht?
   ○ Wiener Schnitzel ○ Käsefondue
   ○ Eisbein mit Sauerkraut

6) In welchen Ländern liegt der Bodensee?
   ○ Deutschland ○ Österreich ○ die Schweiz

7) Welche dieser Städte ist auch ein Bundesland?
   ○ München ○ Hamburg ○ Berlin

8) Welches Land hat am meisten Amtssprachen?
   ○ Deutschland ○ Österreich ○ die Schweiz

9) Welches Land war schon viermal Fußballweltmeister?
   ○ Deutschland ○ Österreich ○ die Schweiz

10) Welches Land hat die meisten Einwohner?
   ○ Deutschland ○ Österreich ○ die Schweiz

11) Wie heißt der höchste Berg in Österreich?
   ○ Zugspitze ○ Monte Rosa ○ Großglockner

12) Welches Land hat kein Tempolimit auf den Autobahnen?
   ○ Deutschland ○ Österreich ○ die Schweiz

e Amtssprache, -n
公用語

r Weltmeister, -
世界チャンピオン

s Tempolimit, -s
速度制限

056

Wortschlange

Es gibt (nächsten Samstag / in München / ab 17 Uhr) den *Midnightbazar*.

Sabine fährt (in den Sommerferien / für 2 Wochen / mit ihren Freunden) ans Mittelmeer.

057

Zungenbrecher

Ein Tourist ist ein Tourist, wenn er auf
einer Tour ist und in einer Tour isst.

in einer Tour = ohne Pause

Schmalspurbahnschienen sind schmaler
als Breitspurbahnschienen.

Ordnen Sie zu. 下の語句の中から正しいものを選びなさい。

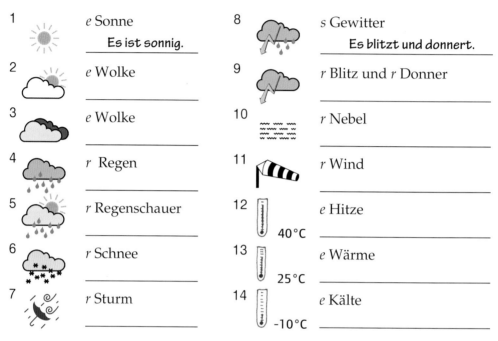

1 *e* Sonne
Es ist sonnig.

2 *e* Wolke
_____

3 *e* Wolke
_____

4 *r* Regen
_____

5 *r* Regenschauer
_____

6 *r* Schnee
_____

7 *r* Sturm
_____

8 *s* Gewitter
Es blitzt und donnert.

9 *r* Blitz und *r* Donner
_____

10 *r* Nebel
_____

11 *r* Wind
_____

12 *e* Hitze
40°C _____

13 *e* Wärme
25°C _____

14 *e* Kälte
-10°C _____

Es ist warm.   Es regnet.   Es ist wolkig.   Es schneit.   Es ist kalt.
Es ist windig.   Es ist neblig.   ~~Es ist sonnig.~~   Es blitzt und donnert.
Es ist heiß.   Es regnet manchmal.   Es ist stürmisch.   Es ist bewölkt.

🔊 Hören Sie den Wetterbericht und ergänzen Sie.
058   天気予報を聞いて、□ に天気を上の番号で入れ、空欄の気温を補いなさい。

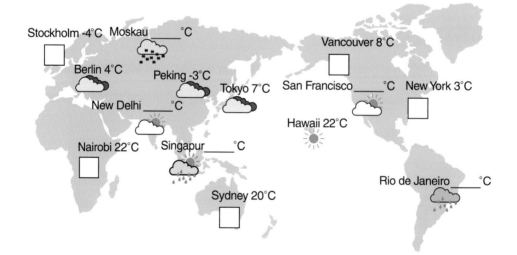

Stockholm -4°C Moskau _____°C
Berlin 4°C Peking -3°C
New Delhi _____°C Tokyo 7°C
Nairobi 22°C Singapur _____°C
Sydney 20°C
Vancouver 8°C
San Francisco _____°C New York 3°C
Hawaii 22°C
Rio de Janeiro _____°C

1. Wie ist das Wetter bei euch? そちらの天気はどうですか

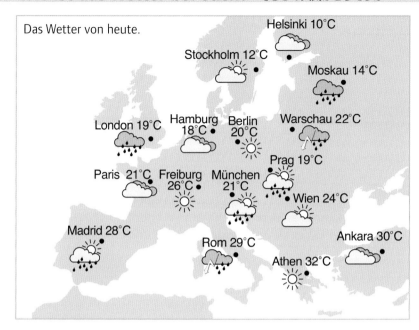

Das Wetter von heute.

Helsinki 10°C
Stockholm 12°C
Moskau 14°C
London 19°C
Hamburg 18°C
Berlin 20°C
Warschau 22°C
Paris 21°C
Freiburg 26°C
München 21°C
Prag 19°C
Wien 24°C
Madrid 28°C
Rom 29°C
Athen 32°C
Ankara 30°C

Dialog 1 Helena telefoniert mit Peter.

059

H: Hallo, Peter! Wie geht's?
P: Gut, danke. Wie ist das Wetter in Stockholm?
H: In Stockholm sind es 12 Grad. Und es ist wolkig. Wie ist es bei euch?
P: Hier in Freiburg ist es warm. Es sind 26 Grad. Und es ist sonnig.

r Grad 度

Übung 1 Sprechen Sie mit Ihrem Partner/ Ihrer Partnerin über das Wetter.
上の天気図を使い、天気について対話しなさい。

2. In Freiburg ist es wärmer als in München

フライブルクはミュンヘンより暖かい

Dialog 2 Julia und Tim vergleichen die Temperaturen.

060

J: In München sind es 21°C.
T: In Paris ist es so warm wie in München.
J: In Freiburg ist es wärmer als in München.
T: Und wo ist es am wärmsten?
J: In Athen.

vergleichen 比較する
e Temperatur, -en
気温

so warm
/kalt wie ...
…と同じ位暖かい／寒い

wärmer
/kälter als ...
…より暖かい／寒い

am wärmsten
/kältesten
最も暖かい／寒い

Übung 2 Vergleichen Sie die Temperaturen. 気温を比べ、対話しなさい。

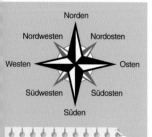

応用語句

Jahreszeiten
r Frühling
r Sommer
r Herbst
r Winter

obwohl …にもかかわら
ず [従属接続詞 ☞ 41 ページ]

kurz 短い
e Hochsaison, -s
（シーズンの）最盛期

blühen
（花が）咲いている

r Kirschbaum,
..bäume 桜の木

e Wiedervereinigung,
-en 再統一

spenden 寄贈する

nach …のあとで

nach dem langen
kalten Winter
長く寒い冬の後 [形容詞の
格変化 ☞ 27 ページ]

s Weingebiet, -e
ワインの産地

s Urlaubsziel, -e
休暇先

neuen Wein
新酒のワイン [形容詞の格
変化 ☞ 101 ページ]

sich⁴ verfärben
紅葉する

3. Die Jahreszeiten 季節

Übung 3 — Ergänzen Sie die Jahreszeiten und ordnen Sie zu.
空欄に季節を補い、正しい文を選びなさい。

061

Ⓐ

Im _____ ( )

… fahren viele Deutsche ein oder zwei Wochen in den Urlaub. Obwohl es in Süddeutschland wärmer ist, fährt man gern an die Nordsee oder an die Ostsee und liegt dort in der Sonne, schwimmt, oder geht am Strand spazieren. In Norddeutschland ist das warme Wetter nur sehr kurz und man möchte es genießen.

Ⓑ

Im _____ ( )

… ist in den Alpen Hochsaison. Viele fahren nach Süddeutschland, nach Österreich oder in die Schweiz. Dort kann man sehr gut Ski laufen oder Snowboard fahren. Es ist kälter als in Norddeutschland und es liegt mehr Schnee.

Ⓒ

Im _____ ( )

… ist es in Norddeutschland so warm wie in Süddeutschland. Besonders schön ist es in Berlin und Brandenburg. Dort blühen über 9.000 Kirschbäume. Japan hat die Bäume zur Wiedervereinigung (1989) gespendet. Nach dem langen kalten Winter geht man gerne unter Kirschbäumen spazieren.

Ⓓ

Im _____ ( )

… sind die Weingebiete am Rhein und an der Mosel beliebte Urlaubsziele. Man kann dort neuen Wein (Federweißer) probieren. Ende September verfärben sich die Wälder, aber bis Ende Oktober ist es sonnig und noch nicht sehr kalt.

4. Was machen Sie im Urlaub im Sommer und im Winter?
夏と冬の休暇に何をしますか

Übung 4 — Hören Sie die Dialoge, wählen Sie das richtige Bild und schreiben Sie entweder S (=Sommer) oder W (=Winter) ins Kästchen.
対話を聞いて、正しい絵を選び、夏には S、冬には W を書きなさい。

062
-066

5. Ich habe zu Hause gelernt, weil es geregnet hat.

雨が降ったので、家で勉強しました

 Dialog 3 (J=Julia, T=Tim)

067

> T: Was hast du denn am Wochenende gemacht?
> J: Ich bin zu Hause geblieben, weil es geregnet hat.
>   Und was hast du gemacht?
> T: Ich bin spazieren gegangen, weil es sonnig und heiß war.

weil …なので
[従属接続詞]

副文（文頭に従属接続詞）
では、定動詞が文末に来る
weil es geregnet hat

 Übung 5) Machen Sie ähnliche Dialoge. 次の語句を参考に対話しなさい。

spazieren gehen

Kuchen backen

lesen

einkaufen gehen

ein Picknick machen

joggen

fernsehen

eine Autofahrt machen

Fußball spielen

eine Radtour machen

SMS schreiben

lernen

Radio hören

Computerspiele spielen

ins Museum gehen

6. Am Wochenende bin ich Rad gefahren, obwohl es windig war.

風が吹いていたけれど、週末に自転車に乗りました

 Dialog 4 (J=Julia, T=Tim)

068

> J: Am Wochenende bin ich Rad gefahren, obwohl es
>   windig war. Und was hast du gemacht?
> T: Ich bin joggen gegangen, obwohl es geregnet hat.
> J: Und? Hat es Spaß gemacht?
> T: Na ja, es geht.

r Spaß 楽しみ
Spaß machen 楽しい

応用語句
Nein, überhaupt nicht.
Na ja, es geht.
Ja, es hat trotzdem Spaß
gemacht.

überhaupt
（否定を表す語句と）
全然（…ない）

 Übung 6) Machen Sie ähnliche Dialoge. 上の語句を参考に対話しなさい。

7. Was machst du, wenn es regnet? 雨が降ったら何をしますか

069

Dialog 5 (J=Julia, T=Tim)

T: Wenn das Wetter schön ist, mache ich eine Radtour. Machst du mit?

J: Ja, wenn ich nicht zu müde bin. Und was machst du, wenn es regnet?

T: Dann arbeite ich zu Hause.

Übung 7 Machen Sie ähnliche Dialoge.
Übung 5 の語句を使って対話しなさい。

---

mit|machen
一緒にやる

müde 疲れた

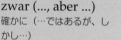

応用語句

Zeit haben
Lust haben やる気がある
nicht lernen müssen
nicht jobben müssen

---

8. Ein Sommerurlaub von Max und Ursula
マックスとウルズラの夏季休暇

Lesetext

070

Die Deutschen reisen gern und geben viel Geld für ihre Reisen aus. Sie reisen zwar gerne in ferne Länder, aber immer mehr Deutsche machen auch Urlaub in Deutschland. Besonders gerne fahren sie an die Nord- oder Ostsee.

Auch Max und Ursula machen eine Woche Urlaub an der Nordsee, weil man dort vieles unternehmen und erleben kann. Sie schwimmen im Meer, angeln manchmal oder liegen in ihren Strandkörben. Beide wandern auch gerne stundenlang im Watt, wenn es warm und sonnig ist. Das Wattenmeer ist ein Weltnaturerbe. Es ist sehr groß und vielfältig. Man kann zum Beispiel unterschiedliche Arten von Pflanzen und Tieren beobachten. Max findet die verschiedenen Vogelarten interessant und Ursula sucht gerne nach Muscheln im Watt.

Übung 8 Beantworten Sie die Fragen. 質問に答えなさい。

1. Wohin fahren die Deutschen gerne im Sommerurlaub?
2. Wie lange bleiben Max und Ursula an der Nordsee?
3. Was machen sie dort?
4. Ist das Wattenmeer Weltkulturerbe?
5. Was macht Max gern am Wattenmeer?
6. Was macht Ursula gerne im Watt?

---

zwar (..., aber ...)
確かに（…ではあるが、しかし…）

fern 遠い

immer
（比較級と）ますます

unternehmen する

r Strandkorb, ..-e
屋根付きビーチチェア

stundenlang
何時間も

s Watt, -en
（特に北海沿岸の）干潟

s Wattenmeer, -e
（特に北海沿岸の）干潟のある海

s Weltnaturerbe
（ユネスコによる）世界自然遺産

vielfältig 多様な

e Art, -en 種類

e Pflanze, -n 植物

s Tier, -e 動物

beobachten 観察する

r Vogel, ∸ 鳥

nach（＋３格）**suchen**
（…³ を）探す

e Muschel, -n
（二枚貝の）貝殻

s Weltkulturerbe
（ユネスコによる）世界文化遺産

9. **Wetterfrosch** 天気予報アマガエル

Lesetext

071
Früher haben die Leute geglaubt, dass die
Frösche* das Wetter vorhersagen können.
Frösche steigen nämlich bei schönem Wetter auf
Pflanzen, um Insekten zu fangen, weil diese bei
schönem Wetter höher fliegen. Man hat deshalb
Frösche in ein Glas mit einer kleinen Leiter
gesteckt. Wenn die Frösche die Leiter hoch-
klettern, dann wird das Wetter schön.
Heute nennt man die Meteorologen etwas
spöttisch Wetterfrösche. Meteorologinnen nennt man aber Wetter-
feen. Das klingt hübscher.

Übung 9 Beantworten Sie die Fragen. 質問に答えなさい。

1. Was „können" die Frösche?
2. Was machen die Frösche, wenn das Wetter schön ist?
3. Was ist im Glas?
4. Wie sieht man, dass das Wetter schön wird?

---

dass …
ということ [従属接続詞]

r Frosch, ⁼e カエル

* ここでは、ヨーロッ
パアマガエル (der
europäische
Laubfrosch) のこと

vorher|sagen
予報する

steigen 登る

bei schönem Wetter
いい天気の場合 [形容詞の
格変化 ☞ 101 ページ]

s Insekt, -en 昆虫

fangen 捕まえる

diese は Insekten を指
す

deshalb それゆえに

mit einer kleinen
Leiter
小さな梯子と一緒に [形容
詞の格変化 ☞ 101 ページ]

e Leiter, -n 梯子

hoch|klettern
よじ登る

werden なる

werden の現在人称変化
du   wirst
er/es/sie   wird

r Meteorologe, -n
e Meteorologin,
-nen 気象予報士

spöttisch 嘲笑的に

e Fee, -n 妖精

副文

weil（…なので）、obwohl（…にもかかわらず）、wenn（もし…ならば）、dass（…ということ）
等の従属接続詞に導かれる文を副文という。副文では、定動詞が文末に来る。

Ich möchte zu Hause bleiben, *weil* es stark regnet. ひどい雨なので、家にいたい。

Ich bin Kanu gefahren, *obwohl* das Wetter schlecht war. 天気は悪かったけれど、カヌーに乗った。

Was machst du, *wenn* das Wetter schön ist? 天気が良かったら、何をしますか？

副文が先行すると、主文の定動詞は文頭に来る。

Weil das Wetter sehr schön war, bin ich spazieren *gegangen*.
とても良い天気だったので、散歩に出かけた。

Obwohl es kalt war, haben wir ein Picknick *gemacht*. 寒かったけれど、ピクニックをした。

Wenn es zu windig ist, können wir nicht *surfen*. 風が強すぎたら、サーフィンはできない。

Grammatik

Hören Sie. Welcher Abfall gehört wohin? Ordnen Sie zu. 対話を聞き、ゴミを分別しなさい。

072
-080

Abfall

Müllcontainer

1

Papier, Zeitungen, Zeitschriften

Ⓐ ( )

e Biotonne *r* Kompost

2

Kleidung

Schuhe

3

Kunststoffe, Joghurtbecher,

Konservendosen, Milchpackungen

Ⓑ ( )

r Altpapiercontainer

Ⓒ ( )

r Altglascontainer

4

gekochte Essensreste, schmutziges Papier, kaputte Kleidung

Ⓓ ( )

Gelber Sack, gelbe Tonne

5

Pfandflaschen

6

Medikamente

7

Flaschen

Ⓔ ( )
( )

e Schadstoffsammelstelle

8

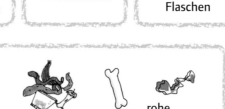

Gartenabfälle, Kartoffelschalen, Knochen, rohe Fleischreste

Ⓕ ( )

r Altkleidercontainer

Ⓖ ( )
( )

r Restmüll

9

Batterien, Farben, Spraydosen

roh 生の

Ⓗ ( )

s Geschäft

1. Wie sortiert* man Hausmüll? 家庭ゴミはどのように分類しますか

Lesetext | Aus einem deutschen Müllratgeber

31

1. Tun Sie Eierschalen, Kaffeefilter und anderen Bioabfall auf den Kompost oder in die Biotonne.

2. Tun Sie alte Zeitungen und Zeitschriften in den Altpapiercontainer.

3. Bringen Sie Pfandflaschen ins Geschäft zurück.

4. Werfen Sie leere Flaschen und Gläser in den Glascontainer. Das Glas muss man nach Farben (weiß, grün, braun) trennen.

5. Werfen Sie leere Batterien niemals in den Hausmüll. Batterien sind Giftmüll! Tun Sie sie in die Sammelbox in Elektrogeschäften oder Supermärkten.

6. Werfen Sie alte Medikamente in den Restmüll, oder bringen Sie sie zur Schadstoffsammelstelle.

7. Werfen Sie alte Kleidung in den Altkleidercontainer.

8. Tun Sie Verpackungen, wie z. B. Joghurtbecher und Dosen, in den Verpackungsmüll, also in die gelbe Tonne.

Übung 1) Was soll man tun? Fassen Sie die Ratschläge in Partnerarbeit zusammen. 例にならって、上の助言をペアでまとめなさい。

1. Man soll Eierschalen, Kaffeefilter und anderen Bioabfall auf den Kompost oder in die Biotonne tun.

2. Man soll _____

3. _____

4. _____

5. _____

6. _____

7. _____

8. _____

---

* ゴミの分別は自治体によって異なる

sortieren 分類する

r Hausmüll
家庭から出るゴミ

r Müllratgeber, -
ゴミ分別ガイド

tun する、入れる

e Eierschale, -n
卵の殻

r Kaffeefilter, -
コーヒー用フィルター

ander 別の

r Bioabfall, ..ᵉe
生ゴミ

e Biotonne, -n
生ゴミ回収容器

e Pfandflasche, -n
デポジットボトル

werfen 投げる

leer 空の

s Glas, ᵉer ガラス容器

e Farbe, -n 色、塗料

nach
…に基づいて、…に従って

weiß 白い

grün 緑色の

braun 茶色の

trennen 分別する

e Batterie, -n 電池

niemals 決して…ない

r Giftmüll 有毒廃棄物

e Sammelbox, -en
回収箱

s Elektrogeschäft, -e
電気店

r Restmüll
（分別対象に入らない）ゴミ

e Schadstoffsammelstelle,
-n 有害物質集積場所

e Verpackung, -en
容器、包装

r Verpackungsmüll
包装紙などのゴミ

e Tonne, -n 回収容器

sollen …すべきである

sollen の現在人称変化	
ich ⎱ er/es/sie ⎰	soll
du	sollst
Sie	sollen

2. Wohin soll ich diese Flasche tun? このビンはどうしますか

du に対する命令形
wirf ← werfen
tu ← tun

 Dialog 1 Koji ist neu in Deutschland. Er versteht die Mülltrennung nicht.
082 Seine Gastmutter erklärt sie ihm.

> K: Wohin soll ich diese Flasche tun?
> G: Wirf sie bitte in den Glascontainer, wenn du Zeit hast.
> K: Und wohin soll ich diesen Comic werfen?
> G: Tu ihn bitte in den Altpapiercontainer.

 Übung 2 Führen Sie den Dialog gemäß den Ratschlägen von Seite 43 fort.
43 ページのゴミ分別ガイドに従って対話を続けなさい。

e Hose, -n ズボン
s Medikament, -e
薬
r Apfelrest, -e
リンゴの残り

alte Hose   Medikamente   Batterien   Apfelrest   Milchpackungen

 Übung 3 Schreiben und spielen Sie nun einen Dialog über Mülltrennung
in Ihrer Stadt. Peter ist Gaststudent in Japan. Er fragt den
Hausmeister im Wohnheim. 日本に留学中のペーターが、寮の管理人
にあなたの町のゴミ分別方法を尋ねる対話を作りなさい。

> P: Wohin soll ich die Cola-Flasche tun?
> H: Tun Sie _____

応用語句

brennbarer Müll
燃やせるゴミ
nicht brennbarer
Müll 燃やせないゴミ
r Wertstoffmüll
資源ゴミ
r Sperrmüll 大型ゴミ
r Sammelplatz /
e Sammelstelle
集積場所

r Haushaltsabfall,
..ᐟe 家庭から出るゴミ
privat 個人的な
gewerblich 営業上の
r Kunststoff, -e
プラスチック
s Elektrogerät, -e
（家庭用）電化製品
gesamt 全体の
e Tonne, -n
トン、1000 キログラム

Zusammensetzung der Haushaltsabfälle 2017 in Millionen Tonnen

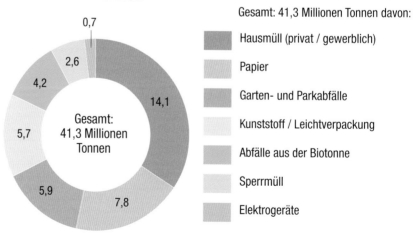

Gesamt: 41,3 Millionen Tonnen davon:
- Hausmüll (privat / gewerblich)
- Papier
- Garten- und Parkabfälle
- Kunststoff / Leichtverpackung
- Abfälle aus der Biotonne
- Sperrmüll
- Elektrogeräte

(aus: Statistisches Bundesamt 2018)

3. Was soll man hier besser machen? よくするには、どうすべきでしょう

33

Dialog 2 Johanna ist Grundschülerin. Sie zeigt Koji ihre Hausaufgabe zum Thema Umwelt.

> J : Schau mal hier, die Frau. Was soll sie besser machen?
> K : Sie soll den Kühlschrank zumachen, wenn sie kocht.
> J : Genau, und der Mann soll den Fernseher ausmachen, wenn er nicht fernsieht.
> K : Und das Mädchen ...

e Umwelt 環境

zu|machen 閉める
aus|machen 消す
s Mädchen, - 女の子

応用語句

das Fenster
die Tür
zu|machen /
schließen

das Licht / Radio
den Herd / Motor
die Heizung
aus|machen /
ab|stellen

baden

das Wasser
nicht laufen lassen
/ ab|stellen

Übung 4 Führen Sie den Dialog anhand der Zeichnung weiter.
イラストを見て、対話を続けなさい。

Das Mädchen soll _____

Der Junge _____

Man _____

Der Mann _____

Die Frau _____

_____

_____

schließen 閉める
s Licht, -er
電灯、明かり

r Herd, -e レンジ
r Motor, -en エンジン
e Heizung, -en 暖房
ab|stellen
止める、スイッチを切る

baden 風呂に入る
laufen lassen 流す
r Junge, -n 男の子

4. Das Fifty-Fifty Projekt フィフティー・フィフティー・プロジェクト

 Lesetext

50% der eingesparten Energiekosten
節約したエネルギーコストの 50%

zurück|bekommen
返してもらう

e Phase, -n 段階

erfassen
(統計的・数量的に) 捉える、
(データなどを) 収集する

r Stromverbrauch
電力消費

r Wasserverbrauch
水の消費

pl Heizkosten 暖房費

um|setzen
実行に移す

e Realität 現実

e Hälfte, -n 半分

verbessern 改善する

e Dachterrasse, -n
屋上テラス

begrünen 緑化する

pl Bio-Lebensmittel
有機栽培食品

verwenden 使う

das Wichtige
重要なこと (← wichtig)
[形容詞の名詞化 ☞ 101 ページ]

nicht ..., sondern
…ではなく

in Zukunft 将来

umweltbewusst
環境保護意識を持った

handeln 行動する

084 In vielen deutschen Grundschulen gibt es ein Projekt, um der Umwelt zu helfen. Das Projekt heißt „Fifty-Fifty", weil die Schüler 50% der eingesparten Energiekosten als Geld zurückbekommen. In der ersten Phase erfassen die Schüler den Stromverbrauch, den Wasserverbrauch und die Heizkosten. In der zweiten Phase sammeln die Schüler und Lehrer Ideen, wo und wie sie im Schulhaus Energie sparen können. In der dritten Phase setzt man diese Ideen in die Realität um.

Am Ende vergleicht man die Energiekosten bei Projektbeginn und bei Projektende. Dann bekommen die Schüler die Hälfte der eingesparten Kosten zurück. Mit dem Geld können die Schüler etwas an ihrer Schule verbessern, zum Beispiel die Dachterrasse begrünen oder beim Schulessen mehr Bio-Lebensmittel verwenden.

Das Wichtige am Projekt „Fifty-Fifty" ist nicht das Geld, sondern dass die Schüler in Zukunft viel umweltbewusster handeln.

Übung 5 Beantworten Sie die Fragen. 質問に答えなさい。

1. Warum heißt das Projekt „Fifty-Fifty"?

_____

2. Was machen die Schüler in der 1. Phase?

Sie _____

3. Was machen die Schüler und Lehrer in der 2. Phase?

Sie _____

4. Was macht man in der 3. Phase?

Man _____

5. Was machen die Schüler mit dem Geld?

Sie _____

 Übung 6 Wie und wo kann man an Ihrer Universität Energie sparen? Schreiben Sie. あなたの大学でどこでどのようにエネルギーが節約できるか、作文しなさい。

5. Was machen die Leute, um der Umwelt zu helfen?

環境に役立つために、人々は何をしますか

85 -090

Übung 7　Hören Sie und schreiben Sie die Dialognummern in die Kästchen.
対話を聞いて、該当する対話の番号を記入しなさい。

☐ keine Dosen kaufen　　　☐ alte Kleidung verkaufen

☐ Rad fahren　　　☐ ohne Verpackung einkaufen

☐ Pfandflaschen benutzen　　　☐ Licht und Fernseher ausmachen

☐ Wasser sparen　　　☐ Zug fahren

1. 命令形の人称変化（話し相手＝2人称）と用法

不定詞		bringen	tun	sehen	werfen	geben	nehmen	fahren	sein
単数	du	bring	tu	sieh	wirf	gib	nimm	fahr	sei
複数	ihr	bringt	tut	seht	werft	gebt	nehmt	fahrt	seid
単複同形	Sie	bringen	tun	sehen	werfen	geben	nehmen	fahren	seien

du と ihr に対する命令形では、主語は言わない。

Bring Pfandflaschen ins Geschäft **zurück**.　デポジットボトルは店に戻しなさい。

Tut alte Zeitschriften in den Altpapiercontainer.　古雑誌は古紙コンテナに入れなさい。

Sie に対する命令形は、主語が動詞の後にくる（ja, nein で答える疑問文と同じ語順）。

Werfen Sie leere Batterien niemals in den Hausmüll.
空の電池を決して家庭ゴミの中に投げないでください。

依頼の場合は、命令形を使うと無礼になるため、話法の助動詞や接続法Ⅱ式（☞ 85 ページ）を用い、疑問文の形にする。

Kannst/Könntest/Würdest du mir *helfen*?　手伝ってくれるかい。

Können/Könnten/Würden Sie mir die Mülltrennung *erklären*?
ゴミの分別の仕方を説明していただけますか。

2. 話法の助動詞 sollen の現在人称変化と意味

sollen …すべきである、（誰かが求めているので）…しなければならない

ich **soll**	wir **sollen**
du **sollst**	ihr **sollt**
	Sie **sollen**
er/es/sie **soll**	sie **sollen**

Man **soll** Fleischreste in die Biotonne *tun*.
肉の切れ端は生ゴミ容器に入れなければならない。

Wohin **soll** ich diesen Comic *werfen*?
このコミックスはどこへ投げたらいいですか。

命令文は sollen を使った文で言い換えることができる。

Tu den Comic in den Altpapiercontainer.

= Du **sollst** den Comic in den Altpapiercontainer *tun*.

Bringt Pfandflaschen ins Geschäft **zurück**.

= Ihr **sollt** Pfandflaschen ins Geschäft *zurückbringen*.

Werfen Sie leere Batterien niemals in den Hausmüll.

= Sie **sollen** leere Batterien niemals in den Hausmüll *werfen*.

Grammatik

**Wechselspiel
A ⇄ B**
Fragen Sie sich gegenseitig. Benutzen Sie „weil/obwohl" in den Antworten.
互いに質問し、weil または obwohl を使って答えなさい。(B auf Seite 97.)

A

	Julia	Daniel	Anna und Leon	Lisa und Peter	Partner/in
		zu Hause	im Schwarzwald		
		(Bild)	(Bild)		
		(Bild)	(Bild)		

A: Wo war Julia am Wochenende?   B: Sie _____
   Was hat sie gemacht?   _____

Wie umweltfreundlich bist du?

Lesen Sie die Fragen und kreuzen Sie Ihre Antwort an. 質問を読んで、答えに×印をつけなさい。

nie (0 Punkte)   manchmal (1 Punkt)   ja, immer (2 Punkte)

□ 0   □ 1   □ 2   □ 0   □ 1   □ 2   □ 0   □ 1   □ 2   □ 0   □ 1   □ 2

1. Machst du das Licht aus, wenn du aus dem Zimmer gehst?

2. Bringst du eine Einkaufstasche mit, wenn du einkaufen gehst?

3. Benutzt du öffentliche Verkehrsmittel?

4. Trennst du deinen Müll richtig?

□ 0   □ 1   □ 2   □ 0   □ 1   □ 2   □ 0   □ 1   □ 2   □ 0   □ 1   □ 2

5. Kaufst du auf dem Flohmarkt oder in Secondhandläden ein?

6. Machst du deinen Fernseher aus, wenn du aus dem Zimmer gehst?

7. Duschst du dich, statt zu baden?

8. Ziehst du dir einen warmen Pullover an, statt das Zimmer wärmer zu machen?

statt... する代わりに［従属接続詞］

Auswertung 評価

0-6 Punkte: Umwelt-Held

Du bist sehr umweltbewusst und kümmerst dich ganz toll um die Umwelt. Echt vorbildlich!

7-12 Punkte: Umwelt-Laie

Informiere dich doch mal übers Thema Umweltschutz, damit du besser helfen kannst.

13-16 Punkte: Umwelt-Ignorant

Ist dir die Umwelt wirklich egal? Auch du kannst zur Verbesserung der Umwelt beitragen. Denk mal darüber nach!

sich⁴ um (+4格) kümmern (…⁴を) 気にかける　echt 本当に　vorbildlich 模範的な　sich über (+4格) informieren (…⁴について) 情報を得る　damit …するために [従属接続詞]　egal どうでもよい e Verbesserung, -en 改善　zu (+3格) bei|tragen (…³に) 貢献する　über (+4格) nach|denken (…⁴について) じっくり考える

 **Rätsel**　Welches ist die wärmste Stadt?

1. In Bremen ist es wärmer als in Kiel.
2. In Freiburg ist es kälter als in Frankfurt.
3. In Dresden ist es wärmer als in Frankfurt.
4. In Kiel ist es nicht so warm wie in Freiburg.
5. In Bremen ist es kälter als in Frankfurt.

Die wärmste Stadt ist _____.

Schreiben Sie selbst ein Rätsel mit „regnen / mehr / weniger".

s Rätsel, - なぞなぞ、クイズ

091 **Wortschlange**

Klaus bringt (jeden Morgen / nach dem Frühstück / mit seinem Hund) den Müll raus.

Gestern hat es (in München / den ganzen Tag / ununterbrochen) geschneit.

092 **Zungenbrecher**

Im Mondschein schien
die Moni schon so schön.

Der Streusalzstreuer zahlt
keine Streusalz-Steuer.

Urlaub in Europa

Lesen Sie die Anzeigen und lösen Sie die Aufgabe unten. 広告を読み、下の問題に答えなさい。

a Skifahren in Österreich
7 Tage mit Liftpass und
Skikurs 550 Euro

b Mittelmeer-Kreuzfahrt
10 Tage auf Luxusschiff,
alles inklusive 1800 Euro

c Wandern im Schwarzwald
4 Tage mit Unterkunft und
Wanderführer 320 Euro

d Hamburg am Wochenende erleben
2 Tage Städtereise mit
Stadtrundfahrt und Museumsbesuch
115 Euro

e Wellness-Wochenende auf Schloss Jungbrunn
Lassen Sie sich verwöhnen, Ayurveda-
Massagen, Meditation und Entspannung
380 Euro

f Eine Woche an der Nordsee
Besuch des Wattenmeers, Angeln und vieles
mehr. Mit Unterkunft und Halbpension
430 Euro

g Sporthotel Excellence
mit eigenem Schwimmbad,
Golf- und Tennisplatz sowie Reitstall.
Schwimmen, Reiten, Golf und Tennis
in herrlicher Umgebung.
1 Woche mit Übernachtung und Frühstück
1250 Euro

h Fahrradtour durch Mecklenburg-Vorpommern
5 Tage mit Übernachtung auf Bauernhöfen
185 Euro

Sie möchten eine Reise machen. Welche Anzeige passt? 希望に一番よく合っている広告を選びなさい。

1. Sie möchten sich am Wochenende mal so richtig erholen. (   )
2. Sie möchten im Urlaub Sport machen, haben aber nicht viel Geld. (   )
3. Sie haben nur zwei Tage Zeit. Sie möchten eine Stadt kennenlernen
   und Kultur erleben. (   )
4. Sie möchten im Urlaub Skifahren lernen. (   )
5. Sie machen sehr gerne Sport, besonders Schwimmen und Reiten.
   Sie möchten ein bisschen Luxus im Urlaub haben. (   )
6. Sie möchten Ihren Urlaub am Meer verbringen. Sie mögen keine
   warmen Temperaturen und haben nicht so viel Geld. (   )

Sprichwörter

Was passt zusammen? Ergänzen Sie. Was bedeuten die Sprichwörter? Ordnen Sie das Japanische zu. 例にならって、下から相応しい語句を選び、ことわざを完成させなさい。また、対応する日本語をA – Jから選びなさい。

1. Aller Anfang *ist schwer*.　　　(E)　2. Eile _____　　　　(　)
3. Ohne Fleiß _____　(　)　4. Übung _____　　(　)
5. Ende gut, _____　(　)　6. Zeit _____　　　(　)
7. Allzu viel _____　(　)　8. Kleider _____　（ 　 ）
9. Andere Länder, _____ (　)　10. Morgenstunde _____ (　)

alles gut.　　machen Leute.　　ist schwer.　　macht den Meister.　　ist Geld.

ist ungesund.　　andere Sitten.　　kein Preis.　　hat Gold im Munde.　　mit Weile.

A 急がば回れ	B 時は金なり	C 早起きは三文の徳	D 馬子にも衣装

E 何事も最初は難しい	F 終わり良ければすべて良し	G 名人は修練のたまもの

H 所変われば品変わる	I 努力なくして栄冠なし	J 過ぎたるは及ばざるがごとし

e Eile 急ぎ　*r* Fleiß 勤勉　allzu あまりにも　*pl* Kleider 衣服　*r* Meister, - 名人　ungesund 不健康な
e Sitte, -n 慣習　*r* Preis, -e 賞　*r* Mund, ̈er 口　*e* Weile しばらくの間

Wie ruft man das auf Deutsch?

Tragen Sie die passenden Interjektionen ein. 下のヒントを参考にして、感嘆詞やかけ声を書き入れなさい。

Juhu !　　_____　_____　_____　_____　_____　_____　_____
やった！　　げっ！　　いたい！　　おお！　　乾杯！　　ゴール！　　ピチャ！　　まあ、おいしそう！

Tipps ヒント

Au(a)!: wenn man sich in den Finger schneidet
Juhu!: wenn man im Lotto gewinnt
Oh!: wenn man ein unerwartetes Geschenk bekommt
Tor, Tor, Tor!: wenn die eigene Mannschaft ein Tor erzielt
Hm, lecker!: wenn man etwas köstlich Aussehendes sieht
Igitt!: wenn man ungewollt etwas Schleimiges anfasst
Platsch!: wenn man im Regen absichtlich in eine Pfütze tritt
Pros(i)t!: wenn man beim Trinken mit Freunden anstößt

sich in den Finger schneiden 指を切る　im Lotto gewinnen 宝くじに当たる　unerwartet 思いがけない　*s* Geschenk, -e プレゼント　eigen 自分の　*e* Mannschaft, -en チーム　ein Tor erzielen ゴールを決める　etwas köstlich Aussehendes 何かおいしそうに見えるもの　etwas Schleimiges 何かべとべとしたもの　an|fassen 触る　absichtlich 意図的な　*e* Pfütze, -n 水たまり　an|stoßen 乾杯する

Der Körper

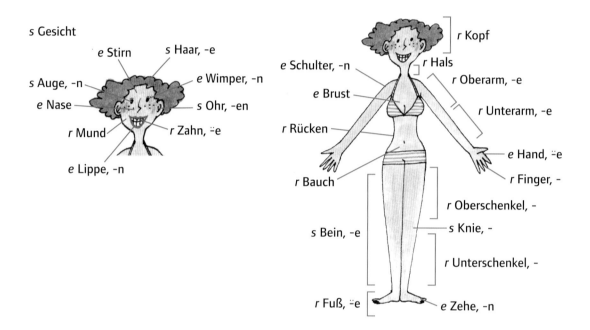

s Gesicht

e Stirn — s Haar, -e

s Auge, -n — e Wimper, -n

e Nase — s Ohr, -en

r Mund — r Zahn, ¨e

e Lippe, -n

r Kopf

r Hals

e Schulter, -n — r Oberarm, -e

e Brust — r Unterarm, -e

r Rücken

e Hand, ¨e

r Bauch — r Finger, -

r Oberschenkel, -

s Bein, -e — s Knie, -

r Unterschenkel, -

r Fuß, ¨e — e Zehe, -n

Welche Krankheiten hören Sie? Schreiben Sie die Dialognummer in die Kästchen.

093 -099 対話を聞いて、該当する病気に対話の番号を記入しなさい。

☐ Kopfschmerzen ☐ Halsschmerzen ☐ Schnupfen ☐ eine Erkältung

☐ Fieber ☐ Bauchschmerzen ☐ Rückenschmerzen ☐ Knieschmerzen

☐ Husten ☐ Zahnschmerzen ☐ Ohrenschmerzen ☐ Augenschmerzen

1. Die Leute sind krank. Was haben sie? 病気です　どこが悪いですか

 Übung 1 Bilden Sie Sätze. 例にならって作文しなさい。

Er hat Halsschmerzen.
Sein Hals tut weh.

_____
_____

_____
_____

_____
_____

Sie hat Zahnschmerzen.
Ihr Zahn tut weh.
Ihre Zähne tun weh.

_____
_____
_____

_____
_____

_____
_____

Er hat Fieber.

_____

_____

_____

pl Schmerzen 痛み
weh|tun 痛む

s Fieber 熱
r Schnupfen 鼻風邪

r Husten 咳
e Erkältung, -en
風邪

2. Was fehlt Ihnen denn? どこの具合が悪いのですか

 Dialog 1 (A=Ärztin, P=Patient)
100

A: Guten Tag, Herr Wagner.
P: Guten Tag, Frau Doktor.
A: Was fehlt Ihnen denn?
P: Mein Rücken* tut so weh.
A: Seit wann haben Sie Schmerzen?
P: Etwa seit einer Woche.
A: Ich verschreibe Ihnen ein Medikament
   gegen Rückenschmerzen.
P: Danke.
A: Auf Wiedersehen.

Übung 2 Machen Sie ähnliche Dialoge. 1の語彙を使って対話しなさい。

r Patient, -en 患者
[3格] fehlen
[…³の]（体の）具合が悪い

Was fehlt Ihnen?
どこの具合が悪いのですか

*Rücken は脊柱に沿った
背面をさし、日本語の腰痛
は Rückenschmerzen

verschreiben
処方する

gegen（＋4格）
（…⁴）に対して

応用語句

seit	gestern
	2 Tagen
	ein paar Tagen/
	Wochen

3. In der Apotheke 薬局で

Ich hätte gern...
…が欲しいのですが

e Allergie, -n
アレルギー体質

allergisch
アレルギー体質の

dieses この

定冠詞類4格
diesen Hustensaft
dieses Nasenspray
diese Tablette
diese Augentropfen

s Nasenspray, -s
鼻（内）スプレー

täglich 毎日の

応用語句

nach/vor dem
Essen

pl Katzenhaare
猫の毛

r Pollen, - 花粉

r Buchweizen ソバ

r Staub ほこり

e Sonnenallergie
日光アレルギー

e Tablette, -n 錠剤

r Hustensaft
咳止めシロップ

e Kapsel, -n カプセル

pl Augentropfen
点眼薬

s Pflaster, -
膏薬、絆創膏

sich⁴ krank fühlen
病気だと感じる

einfach 単純に

normalerweise 通常は

e Allgemeinmedizin
一般医学

betreuen
世話をする、受け持つ

r Hausbesuch, -e 往診

s Rezept, -e 処方箋

falls もし…ならば
[従属接続詞]

e Medizin, -en 薬

überweisen
委ねる、回す

Dialog 2 (A=Apothekerin, K=Kunde)
101

A: Guten Tag, bitte schön?
K: Guten Tag, ich hätte gern ein Medikament
　 gegen Schnupfen.
A: Haben Sie eine Allergie?
K: Ja, ich bin allergisch gegen Penicillin.
A: Dann nehmen Sie dieses Nasenspray
　 dreimal täglich.
K: Gut, dreimal pro Tag dieses Nasenspray. Danke schön.

Übung 3 Machen Sie ähnliche Dialoge. 下の語を使って対話しなさい。

> Katzenhaare　Pollen　Buchweizen　Milch
> Eier　Staub　Sonnenallergie

> Nasenspray　Tabletten　Hustensaft　Kapseln
> Augentropfen　Pflaster

4. Besuch beim Hausarzt ホームドクターに診てもらう

Lesetext

102 Wenn man sich krank fühlt, dann kann man in Deutschland nicht einfach in ein Krankenhaus gehen. Normalerweise besucht man zuerst den Hausarzt. Das ist ein Arzt für Allgemeinmedizin. Er betreut meistens die ganze Familie. Wenn man nicht aufstehen kann, macht der Hausarzt oft auch einen Hausbesuch. Der Arzt schreibt ein Rezept, falls man Medikamente braucht. Mit dem Rezept muss man dann zur Apotheke gehen. Dort bekommt man seine Medizin. Bei einer schweren Krankheit überweist der Hausarzt den Patienten ins Krankenhaus.

Übung 4 Beantworten Sie die Fragen. 質問に答えなさい。

1. Wohin geht man, wenn man sich krank fühlt?
2. Was ist ein Hausarzt?
3. Wann kommt der Hausarzt zum Patienten nach Hause?
4. Bekommt man beim Arzt die Medikamente?
5. Was macht der Hausarzt, wenn der Patient schwer krank ist?

5. Wann frühstückt Cora? コラはいつ朝食を食べますか

☐ ins Bad gehen und sich⁴ duschen

☐ sich³ die Haare waschen

☐ sich³ die Zähne putzen

☐ frühstücken und Zeitung lesen

☐ sich³ die Haare föhnen

☐ sich⁴ anziehen

☐ sich⁴ schminken

☐ zur Arbeit fahren

Übung 5 — Was, glauben Sie, macht Cora hintereinander? Überlegen Sie die Reihenfolge und schreiben Sie dann.
コラが朝どの順に行動するか、あなたの考えで作文しなさい。

1. Zuerst _____.

2. Dann _____.

3. Danach _____.

4. _____.

5. _____.

6. _____.

7. Am Schluss _____.

8. Dann _____.

再帰代名詞3格・4格

er/es/sie ⎤
sie   ⎦ sich

sich⁴ aus|ziehen

sich⁴ um|ziehen

sich⁴ kämmen

sich⁴ rasieren

sich⁴ waschen/
baden

sich³ das Gesicht
waschen

sich³ die Hände
waschen

sich³ die Nägel
schneiden

zuerst まず最初に
danach その後で
am Schluss 最後に

6. Ich muss mich noch rasieren まだ、ひげを剃らなくてはならない

再帰代名詞　4格

再帰代名詞　4格

ich	mich
du	dich
Sie	sich

 Dialog 3 Herr und Frau Fischer wollen ins Theater.
103 (H=Herr Fischer, F=Frau Fischer)

> F: Hast du dich schon geduscht?
> H: Nein, noch nicht. Ich muss mich auch noch rasieren.
> F: Beeil dich doch! Wir müssen bald gehen.

再帰代名詞　3格

ich	mir
du	dir
Sie	sich

 Dialog 4 (H=Herr Fischer, F=Frau Fischer)
104

> H: So, ich bin fertig. Wollen wir gehen?
> F: Ja, ich will mir nur noch schnell die Haare föhnen.
> H: Was, jetzt noch? Wir kommen zu spät!

fertig 支度のできた
Was, jetzt noch?
えっ、これからさらに？

zu spät kommen
遅刻する

 Übung 6 Machen Sie ähnliche Dialoge.
55 ページの語彙を使って対話しなさい。

7. Was machen die Leute als erstes am Morgen? 人々は朝にまず何をしますか？

e **Zigarette, -n** タバコ
rauchen タバコを吸う

 Übung 7 Hören Sie die Interviews. Notieren Sie die Nummer der Dialoge
105 -110 1 bis 7. インタビューを聞いて、該当するイラストに対話 1-7 の番号を
書き入れなさい。

Anteil der Allergiker an der deutschen Bevölkerung nach Allergie

ドイツ国民のアレルギー体質の人の割合

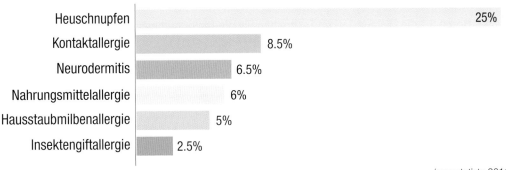

(aus: statista 2011)

r Heuschnupfen 花粉症　*e* Kontaktallergie （金属、植物、香料、洗剤などの）接触アレルギー
e Neurodermitis アトピー性皮膚炎　*e* Nahrungsmittelallergie 食物アレルギー
e Hausstaubmilbenallergie 家ダニアレルギー　*e* Insektengiftallergie 虫刺症

Wie ist es in Japan? Recherchieren Sie. 日本国民のアレルギー体質の割合について調べなさい。

再帰代名詞と再帰動詞

目的語が主語と同一になるとき、「自分自身を / に」という意味を表す代名詞を使う。
これを再帰代名詞と言い、代表して sich で提示する。3 人称と 2 人称敬称 Sie では、
すべて sich となり、その他は人称代名詞と形が同じである。

	ich	du	er/es/sie/Sie	wir	ihr	sie/Sie
4格	mich	dich	sich	uns	euch	sich
3格	mir	dir				

再帰代名詞とともに一つのまとまった意味を表す動詞を再帰動詞という。

　Ich will *mich* waschen.　体を洗いたい。

体の一部には、再帰代名詞（3 格）と定冠詞＋名詞（4 格）を使う

　sich³ das Gesicht/die Haare/die Hände/die Zähne　（自分の）顔 / 髪 / 手 / 歯
　Ich will *mir* nur noch schnell die Haare föhnen.　ドライヤーで急いで髪だけ乾かしたい。
　Kinder, habt ihr *euch* die Hände gewaschen?　あなたたち、手を洗ったの。
　— Klar, wir haben *uns* auch die Zähne geputzt.　もちろんだよ、歯も磨いたよ。
　Der Vater wäscht *sich*³ das Gesicht und zieht *sich*⁴ an.　父は、顔を洗い、服を着る。
　*Der Vater badet *das Kind* und wäscht *ihm* die Haare. Dann trocknet er *es* ab
　und zieht *es* an.　父は、子供を風呂にいれ、髪を洗ってやる。それから、体を拭いて服を着せる。（人称代名詞）

主語が複数のとき、「互いを / に」という相互的意味になる。

　Wann treffen wir *uns*⁴?　いつ会いましょうか。

Hören Sie die Dialoge 1-6 und schreiben Sie die Dialognummer zu dem entsprechenden „Ereignis".
対話を聞き、該当する出来事に対話 1 〜 6 の番号を記入しなさい。

☐ zum 70. Geburtstag

☐ pl Weingläser   ☐ s Sudoku-Buch

☐ e Fotocollage   ☐ r Präsentkorb

☐ zur Hochzeit

☐ s Besteck-Set   ☐ r Kochtopf

☐ pl Dessertteller   ☐ e Zimmerpflanze

☐ zur Geburt

☐ s Babykleid   ☐ e Puppe

☐ r Schnuller   ☐ pl Lätzchen

☐ zum Schulanfang

☐ pl Farbstifte   ☐ r Schulranzen

☐ s Schuletui   ☐ e Schultüte

☐ zum Einzug

☐ r Präsentkorb   ☐ e Zimmerpflanze

☐ pl Biergläser   ☐ Brot und Salz

☐ zu Kaffee und Kuchen

☐ r Blumenstrauß   ☐ pl Pralinen

☐ e Flasche Likör   ☐ s Gebäck

Hören Sie noch einmal die Dialoge 1-6. Was schenken die Personen?
何をプレゼントしますか。もう一度対話を聞き、該当するプレゼントに×をつけなさい。

Sprechen Sie wie im Beispiel.   例にならって話しなさい。

„Zum 70. Geburtstag schenkt man oft Weingläser, ein Sudoku-Buch, eine Fotocollage oder einen Präsentkorb."

1. Was schenkst du wem? 誰に何を贈りますか

Übung 1 Machen Sie nach den Beispielen a)- c) 3 weitere Dialoge d)- f).
Benutzen Sie die Vokabeln auf Seite 58.
58 ページの単語を使い、例 a) ～ c) にならって対話 d) ～ f) をしなさい。

18

a) ○ Meine Mutter hat morgen Geburtstag.
　　● Was schenkst du ihr?
　　○ Ich glaube, ich schenke ihr ein Buch.

b) ○ Mein Kollege feiert am Mittwoch
　　Jubiläum.
　　● Schenkt ihr ihm etwas?
　　○ Ja, wir geben ihm einen Blumenstrauß.

schenken 贈る
r Kollege, -n 同僚
feiern 祝う
s Jubiläum, ..läen
記念日 (特に 10 年、25 年、
50 年など)

etwas 何か、あるもの
e Cousine, -n
従姉妹

um|ziehen 引越す

c) ○ Meine Cousine und ihr Mann sind
　　gestern umgezogen.
　　● Und was schenkst du ihnen?
　　○ Ich denke, ich kaufe ihnen
　　eine Zimmerpflanze.

応用語句
ein Geldgeschenk
geben
お金をプレゼントする

Wem?	Wann?	Was?
a) Mutter	morgen Geburtstag haben	Buch
b) Kollege	am Mittwoch Jubiläum feiern	Blumenstrauß
c) Cousine & Mann	gestern umgezogen sein	Zimmerpflanze
d) Freundin	am Sonntag eine Party geben	
e) Neffe	am Montag Schulanfang haben	
f) Schwester & Schwager	heute ein Kind bekommen haben	

r Neffe, -n 甥
r Schwager, ‥
義兄、義弟

ein Kind bekommen
子供ができる

Übung 2 Fragen Sie sich gegenseitig. 例にならって対話しなさい。

○ Was wünschst du dir zum Geburtstag?
　● Ich wünsche mir einen Laptop und ein Computerspiel.

19

sich³ [4格] wünschen
[…⁴ を] 望む

r Laptop, -s
ラップトップコンピュータ

2. Interessiert sie sich für Schmuck? 彼女はアクセサリーに興味がありますか

🔊 **Dialog 1** (M=Mia, L=Lukas)
120

M: Petra hat mich zu ihrem Geburtstag eingeladen.
　　Was soll ich ihr schenken?
L : Interessiert sie sich für Schmuck?
M: Ja! Ich weiß, dass sie gern Ohrringe trägt.
L : Dann schenk ihr doch* Ohrringe.
M: Tolle Idee, danke!
L : Ich habe jetzt Zeit. Wollen wir zusammen in den
　　Schmuckladen gehen?
M: Ja, klar.

ein|laden 招待する
sich⁴ für (+ 4 格)
interessieren
(…⁴ に) 興味を持つ

r Schmuck
アクセサリー

* doch は命令文で提案す
る時に用いる。

🗨 **Übung 3** Sprechen Sie ähnliche Dialoge mit den Informationen in der Tabelle.　下の表の語を使って対話しなさい。

Wer?	r Anlass	s Interesse	gerne machen	s Geschenk	Wohin?
Petra	r Geburtstag zu ihrem …	Schmuck	Ohrringe tragen	pl Ohrringe	in den Schmuckladen
Hannes & Claudia	e Hochzeit zu ihr_____ …	fremde Kulturen	Reisen	r Reiseführer	in _____ Buchladen
mein Cousin Elias	e Examensfeier zu sein_____ …	Handys	auf dem Handy herumspielen	e Handyhülle	zu___ Elektromarkt
meine Cousine Lisa	s Gartenfest zu ihr_____ …	Wein	Wein trinken	e Flasche Wein	zu___ Weinhandel

r Anlass, ..ⁱe 機会
s Interesse 興味、関心
fremd 外国の
e Examensfeier, -n
合格祝い

**auf dem Handy
herum|spielen**
スマホをいじる

e Handyhülle, -n
スマートフォンケース

3. Das ist eine tolle Idee! それはすばらしい思いつきだ

🔊 **Übung 4** Hören Sie das Gespräch und kreuzen Sie die richtigen Antworten
121　　an.　対話を聞いて、正しい答えに×印をつけなさい。

1. Was feiert Martin?　　☐ Geburtstag　☐ Hochzeit　☐ Examen

2. Susanne schenkt ihm
　　☐ Theaterkarten　☐ Kinokarten　☐ Filmmusik-CD

3. Peter hat Martin schon ein Geschenk gekauft.　☐ Ja　☐ Nein

4. Martin interessiert sich für
　　☐ Sport　☐ Kochen　☐ Kino & Theater

5. Peter möchte Martin
　　☐ zum Chinesisch essen einladen
　　☐ ein Kochbuch schenken
　　☐ eine CD kaufen

4. Geschenke kaufen プレゼントを買う

e Abteilung, -en
売り場、（会社などの）課

e Rolltreppe, -n
エスカレーター

zeigen 見せる
zu （＋3格）passen
（…³に）似合う

[3格] gefallen
[…³の] 気に入る

Dialog 2 (V=Verkäuferin, S=Sabine, M=Michael)

M: Ich möchte deiner Schwester etwas schenken.
   Was möchte sie denn gern?
S: Das ist aber nett von dir. …
   Hmm, ich glaube, sie möchte einen Ring.
M: Gut, die Schmuckabteilung ist im 3. Stock.
   Dann lass uns die Rolltreppe nehmen.

V: Guten Tag. Kann ich Ihnen helfen?
M: Haben Sie Ringe?
V: Ja, natürlich. Ich zeige Ihnen mal unser Angebot.

V: So, hier bitte.
M: Schau mal, dieser hier passt doch gut zu deiner Schwester.
S: Ach, ich weiß nicht. Silber gefällt ihr nicht.
   (zur Verkäuferin) Haben Sie den auch in Gold?
V: Ja, hier bitte. … Wie gefällt er Ihnen?
S: Ja, der gefällt mir besser.
   Und meiner Schwester gefällt er sicher auch besser.

〰️ weiß
   gelb
〰️ blau
〰️ rot
〰️ beige
〰️ orange
〰️ schwarz
〰️ grau
〰️ braun
〰️ grün
〰️ rosa
〰️ lila
〰️ golden
〰️ silbern

Gold, Silber 以外は、
名詞も同形（語頭は大文字）。

Übung 5 Machen Sie Dialoge mit den Vokabeln in der Tabelle.
表の語を使って対話しなさい。

Wem?	Was?	e Abteilung	r Stock
Schwester (→ dein____ Schwester / … gefällt _____ nicht.)	r Ring, -e	Schmuckabteilung	3. Stock e Rolltreppe
Bruder (→ dein____ Bruder / … gefällt _____ nicht.)	s Hemd, -en	Herrenabteilung	7. Stock r Fahrstuhl _____ Fahrstuhl
Mutter (→ dein____ Mutter / … gefällt _____ nicht.)	e Handyhülle, -n	Elektroabteilung	1. Stock Treppe
Eltern (→ dein____ Eltern / … gefällt _____ nicht.	e Skimütze, -n	Sportabteilung	2. Stock Rolltreppe

s Hemd, -en
ワイシャツ

r Fahrstuhl, ..ِe
エレベーター

e Treppe, -n 階段

5. Geburtstage in Deutschland ドイツでの誕生日

  Lesetext

mit|bringen
持って来る

schmücken 飾る

123

① Meine Freunde kommen zu mir nach Hause. Alle bringen Geschenke mit. Meine Mutter backt Kuchen und schmückt das Zimmer. Nach dem Essen spielen wir alle zusammen. Das ist der schönste Tag im Jahr.

e Hausarbeit, -en
家事
e Kerze, -n ろうそく
e Perlenkette, -n
真珠のネックレス
gespannt
期待に満ちた、わくわくし
ている
s Mal, -e 回、度

② Mein Mann und die Kinder machen morgens das Frühstück. Ich muss an diesem Tag keine Hausarbeit machen. Abends gehen wir ins Restaurant und feiern meinen Geburtstag. Das Restaurant schenkt mir einen Kuchen mit Kerzen. Letztes Jahr hat mir mein Mann eine Perlenkette geschenkt. Ich bin mal gespannt, was es dieses Mal sein wird.

pl Verwandte
親戚 [形容詞の名詞的用法]
etwas Besonderes
何か特別なもの [形容詞の
名詞的用法]
nicht nur ...,
sondern auch
…だけでなく、…もまた
belegt 覆われた
belegte Brötchen
オープンサンドイッチ
usw. (=und so
weiter) など
reden 話す、しゃべる

③ Ich lade meine Familie, Verwandte und Freunde ins Restaurant ein und feiere groß, weil der Geburtstag etwas Besonderes ist. Wir essen und trinken nicht nur, sondern tanzen und singen auch. Ich freue mich schon darauf.

④ Ich koche Spaghetti und kaufe Getränke. Dazu bringt jeder etwas mit, z.B. eine Flasche Wein, Salat, Kuchen, belegte Brötchen usw. Wir hören Musik, tanzen und reden bis spät in die Nacht.

a) Ich heiße Otto. Ich werde bald 70 Jahre alt.
b) Mein Name ist Leonie. Ich bin Studentin und am Wochenende gebe ich in meiner Wohnung eine Geburtstagsfete.
c) Ich bin Sara. Ich bin Hausfrau und habe morgen Geburtstag.
d) Mein Name ist Tobias. Ich bin Schüler.

 Übung 6   Was passt zusammen?
①～④は誰の誕生日なのか，a) ～ d) の中から正しいものを選びなさい。

1	2	3	4

Übung 7   Wie haben Sie Ihren letzten Geburtstag gefeiert? Schreiben Sie.
自分の前回の誕生日について作文しなさい。

Wem schenken Sie was?

Würfeln Sie und sprechen Sie wie im Beispiel. サイコロを振り、例にならって話しなさい。

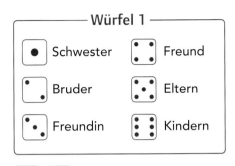

r Gutschein, -e 商品券

○ Was schenkst du deiner Freundin?

● Ich schenke meiner Freundin einen Rucksack.

---

1. 人称代名詞 3 格と所有冠詞 3 格

1格	ich	du	Sie	er/es	sie	wir	ihr	Sie	sie
3格	mir	dir	Ihnen	ihm	ihr	uns	euch	Ihnen	ihnen

	男性名詞	中性名詞	女性名詞	名詞複数
3格	mein**em** Vater	mein**em** Kind	mein**er** Mutter	mein**en** Eltern

2. 3 格の目的語をとる動詞 gefallen, helfen, gehören, passen

Der goldene Ring *gefällt* **mir** besser.　その金の指輪の方が好きです。

Kann ich **Ihnen** *helfen*?　お手伝いしましょうか。（店員が）何を差し上げましょうか。

Die Tasche *gehört* **meiner Mutter**.　このバッグは母のものです。

Die Schuhe *passen* **mir** nicht.　この靴は私にはサイズが合わない。

3. zu（＋3 格）passen

Der Ring hier *passt* doch gut *zu* **deiner Schwester**.　この指輪は君のお姉さんに似合うよ。

4. 3 格と 4 格の二つの目的語をとる動詞 geben, kaufen, schenken, zeigen

Wir *geben* ihm *einen Blumenstrauß*.　私たちは彼に花束をあげる。

Sabine *schenkt* ihrem Vater *eine Flasche Wein*.　ザビーネは父にワインを一本プレゼントする。

Peter *kauft* seiner Schwester *ein Buch*.　ペーターは姉に本を買ってやる。

Ich *zeige* Ihnen mal *unser Angebot*.　商品をお見せしましょう。

5. 再帰動詞　sich[4] für（＋4 格）interessieren, sich[3]［4 格］wünschen

Interessiert sie *sich*[4] *für* Schmuck?　彼女はアクセサリーに興味がありますか。

Ich *wünsche* mir *einen Computer*.　私はコンピューターが欲しい。

Wechselspiel A ⇄ B

Fragen Sie sich gegenseitig und schreiben Sie.
互いに質問し、空欄に記入しなさい。(B auf Seite 97.)

A	Annette	Martin	Kinder	Partner/in
bevor …するまえに	zur Party gehen _____	seine Freundin treffen	ins Bett gehen	
nachdem …したあとで	schwimmen	joggen _____	aufstehen	

A: Was macht Annette, bevor sie zur Party geht?
B: Sie _____. Und was macht sie, nachdem sie geschwommen ist?

🔊 Lisas Wochenende

124　Die ganze Familie <u>freut sich auf</u> das Wochenende. Hannes und ich nehmen uns Zeit für ein langes Frühstück. Wir teilen uns die Zeitung. Ich interessiere mich für die Lokalnachrichten, aber Hannes liest lieber den Sportteil. Manchmal streiten wir uns danach über den Abwasch. Aber meistens machen wir ihn dann zusammen.

Die Kinder freuen sich auf das geplante Picknick im Park. Aber nun beginnt es zu regnen und wir ärgern uns über das Wetter. Die Kinder schreiben eine SMS an ihre Freunde und verabreden sich mit ihnen zum Online-Gamen. Das ist auch gut. Hannes und ich können uns dann in Ruhe über alles unterhalten: die Schule, die Arbeit, den Haushalt …

sich⁴ auf (+4格) freuen (…⁴を) 楽しみにしている　sich³ für (+4格) Zeit nehmen (…⁴に) 時間を かける　sich³ [4格] teilen […⁴を] 分け合う　sich⁴ über (+4格) streiten (…⁴について) けんかをする r Abwasch 食器洗い　sich⁴ über (+4格) ärgern (…⁴に) 腹を立てる　sich⁴ mit (+3格) verabreden (…³と) 会う約束をする　sich⁴ über (+4格) unterhalten (…⁴について) 語り合う

Lesen Sie den Text und unterstreichen Sie die reflexiven Verben, Reflexivpronomen und Präpositionen. Ergänzen Sie danach die folgenden Sätze. テキストを読んで、例にならい、再帰動詞、再帰代名詞、前置詞に下線を引きなさい。そして空欄を補いなさい。

Die Familie _____ _____ _____ das Wochenende.

Hannes und Lisa _____ _____ die Zeitung.

Lisa _____ _____ _____ die Lokalnachrichten.

Hannes und Lisa _____ _____ manchmal _____ den Abwasch.

Die Kinder _____ _____ _____ das Picknick im Park.

Alle _____ _____ _____ das Wetter.

Die Kinder _____ _____ _____ ihren Freunden.

Hannes und Lisa _____ _____ in Ruhe _____ die Schule, die Arbeit, den Haushalt …

„Sich freuen auf" oder „sich freuen über"? Ergänzen Sie. auf または über を補いなさい。

(Anna hat nächste Woche Geburtstag)   Sie freut sich _____ ihren Geburtstag.

(Peters Freundin besucht ihn)   Er freut sich _____ den Besuch.

(Deutschland wird Weltmeister)   Die ganze Nation freut sich _____ den Titel.

(Bald ist Weihnachten)   Die Kinder freuen sich _____ die Geschenke.

(Der Nachbar hat mir Blumen gebracht)   Ich freue mich _____ die Blumen.

(Nächste Woche gehe ich zu Pauls Party)   Ich freue mich _____ die Party.

125

Ina geht (gleich / nach dem Aufstehen / zum Duschen) ins Bad.

Max kauft (heute / seiner Freundin / zum Geburtstag / im Kaufhaus / in der Schmuckabteilung) eine goldene Kette.

126

Blaukraut bleibt Blaukraut
und Brautkleid bleibt Brautkleid.

Ist das ein algerischer Allergiker
oder ein allergischer Algerier?

9 Lebenslauf und Schulsystem
履歴と学校制度

127

Hören Sie das Gespräch und vervollständigen Sie den Lebenslauf von Emma.
対話を聞いて、エマの履歴を完成しなさい。

Lebenslauf

Familienname	☐ Schmid ☐ Schmitt ☐ Schmidt
Vorname	_____
Geburtsdatum	_____ 1995
Geburtsort	☐ Hamburg ☐ Augsburg ☐ Freiburg
Wohnort	Giesing
E-Mail-Adresse	_____

Ausbildung

_____ - 2022 J_____studium in _____ an der LMU

_____   _____ Semester in Australien, Queensland

Berufserfahrung

2021   Praktikum beim B __ __ __

Hobbys   _____, _____, Autos

Sprachen   Deutsch, _____

e Ausbildung, -en 職業教育

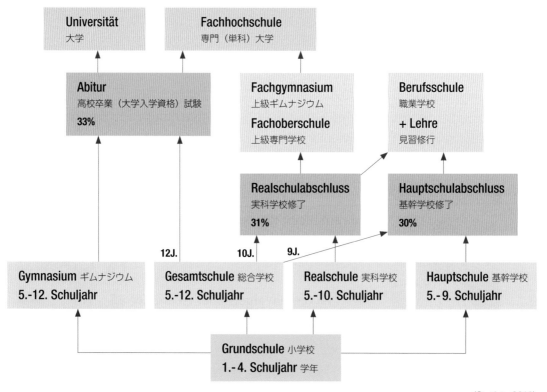

(Statista 2019)

1. Schulsystem in Deutschland ドイツの学校制度

128

In Deutschland ist das Schulsystem in jedem Bundesland ein bisschen anders. Alle Kinder kommen mit etwa sechs Jahren in die _____. Die dauert meistens vier Jahre*. Danach entscheiden die Leistungen der Kinder, ob sie auf die _____, die _____ oder das _____ gehen. Eine Alternative ist die Gesamtschule. Dort kann man alle Abschlüsse machen.

Die meisten Hauptschüler verlassen die Schule nach der 9. Klasse mit dem _____ (30%) und machen eine Lehre.

Die Realschüler gehen zehn Jahre zur Schule. Mit dem _____ (31%) haben sie verschiedene Möglichkeiten. Viele machen eine Lehre und lernen drei Jahre in der _____. Manche Realschüler gehen auch weiter auf die _____ oder das Fachgymnasium.

Auf dem Gymnasium ist die Schulzeit am längsten. Am Ende der 12. Klasse machen die Gymnasiasten das _____ (33%). Damit können sie auf die _____ oder die _____ gehen.

Übung 1 Ergänzen Sie die Lücken mit Hilfe der Grafik auf Seite 66.
66 ページの図を参考に、空欄を補いなさい。

Übung 2 Wie ist das Schulsystem in Japan? Ergänzen Sie die Lücken.
日本の学校制について、下から語を選び、空欄を補いなさい。

129

In Japan geht man zuerst 6 Jahre in die _____, dann 3 Jahre in die _____. Man muss mindestens 9 Jahre zur Schule gehen, das ist Schulpflicht.

Aber danach gehen fast alle auf die _____. Dafür muss man aber eine Aufnahmeprüfung machen.

Es gibt kein _____ wie in Deutschland. Wenn man an einer Uni studieren will, muss man eine _____ bestehen. Etwa 55% besuchen eine _____.

Abitur   Grundschule   Aufnahmeprüfung
Mittelschule   Oberschule   Hochschule

---

s Bundesland, ..⸚er
連邦州

* ベルリンとブランデンブルク州では6年間

entscheiden 決める
e Leistung, -en 成績
e Alternative, -n
代わりの方法
r Abschluss
卒業、修了

verlassen 去る
e Klasse, -n 学年
verschieden
さまざまな
e Möglichkeit, -en
可能性
e Schulzeit 学校時代
r Gymnasiast, -en
ギムナジウムの生徒
e Gymnasiastin,
-nen
damit (da + mit) ←
mit dem Abitur

e Schulpflicht
就学義務
e Aufnahmeprüfung,
-en 入学試験
bestehen 合格する

e Hochschule, -n
大学

規則動詞の過去基本形	
-en/-n	-te
machen	machte

不規則動詞過去基本形	
auf|stehen	stand...auf
（巻末・辞書参照）	

s Schulessen 学校給食

e Mittagspause, -n
昼休み

sich mit （+ 3 格）
treffen
（…³）と会う

fing...an ← anfangen
gab ← _____
aß ← _____
ging ← _____
fuhr ← _____
traf ← _____
kam... zurück
_____ ← _____
sah...fern
_____ ← _____

spielte ← spielen

dagegen
(da+gegen) それに反対して

s Praktikum, ..tika
[企業] 実習

e Polizei 警察
r Polizist, -en 警官
beginnen 始める

2. Peters Schulzeit ペーターの学校時代

 Lesetext

130 Peter <u>stand</u> immer früh <u>auf</u>. Die Schule <u>fing</u> um 7:50 Uhr <u>an</u>. Er hatte fast jeden Tag 6 Stunden Unterricht. In der Schule <u>gab</u> es kein Schulessen. Er <u>aß</u> in der Mittagspause meistens ein Käsebrötchen oder <u>ging</u> zum Imbiss.

Um 15:00 Uhr war die Schule zu Ende, und dann <u>fuhr</u> er nach Hause. Er <u>machte</u> jeden Tag 1-2 Stunden Hausaufgaben. Danach <u>fuhr</u> er zum Fußballtraining oder <u>traf</u> sich mit Freunden. Gegen 19:30 Uhr <u>kam</u> er nach Hause <u>zurück</u>. Er <u>aß</u> mit seinen Eltern zu Abend und <u>sah fern</u>. Er <u>spielte</u> noch ein bisschen mit dem Computer und <u>ging</u> um 23:45 Uhr ins Bett.

 Übung 3 Schreiben Sie den Text in die gesprochene Sprache um.
下線を引いた動詞を現在完了形にして、「ペーターの学校時代」を話し言葉に書き換えなさい。

Peter ist immer früh aufgestanden. Die Schule …

 Übung 4 Fragen Sie ihre Partner oder Partnerinnen über ihre Mittelschul- und Oberschulzeit im Perfekt.
パートナーに、中学・高校時代について現在完了形を使って質問しなさい。

aus dem Haus gehen	*Unterricht anfangen*	*zu Mittag essen*	*nach der Schule machen*	*nach Hause zurückkommen*

3. Jan erzählt ヤンが話します

 Lesetext

131 Ich habe nach der Grundschule das Gymnasium besucht. Mit 15 Jahren habe ich das Gymnasium verlassen, weil ich mich für Rockmusik interessierte. Aber meine Eltern waren dagegen. Ich sollte einen Schulabschluss machen. Ich bin dann auf die Realschule gegangen und habe den Realschulabschluss gemacht. Danach habe ich ein Praktikum bei der Polizei begonnen. Es hat mir viel Spaß gemacht, und ich habe beschlossen, Polizist zu werden.

| Übung 5 | Unterstreichen Sie die Verben, und schreiben Sie dann den Text in die geschriebene Sprache um. Suchen Sie die unregelmäßigen Verben im Anhang. 動詞に下線を引き、現在完了形を過去形にしてヤンが話したこと（話し言葉）を、ヤンについての物語（書き言葉）に書き換えなさい。不規則動詞は巻末を参照しなさい。 |

Jan besuchte nach der Grundschule das Gymnasium. Mit 15 Jahren …

| Übung 6 | Fragen Sie Ihren Partner/Ihre Partnerin. 例にならって対話しなさい。 |

132

● Was wolltest du als Kind werden? Und warum?
○ Ich wollte Koch werden, weil ich gerne kochte.

| Balletttänzer/in | Pilot/in | Popstar | Schauspieler/in | Tierarzt/..ärztin |
| tanzen | reisen | singen | Theater spielen | Tiere mögen |

4. Wofür interessieren Sie sich? 何に興味がありますか

Dialog 1   (B=Berufsberaterin 職業指導員 , P=Patrick)

133

B: Was möchten Sie gerne werden?
P: Ich weiß noch nicht.
B: Wofür interessieren Sie sich?
P: Ich interessiere mich für die Arbeit mit alten Menschen.
B: Werden Sie doch Altenpfleger oder Krankenpfleger.

| Übung 7 | Bilden Sie ähnliche Dialoge und benutzen Sie die Hilfen im Kasten. 下の語を使って対話しなさい。 |

Autos und Technik	Mechatroniker/in
die Arbeit mit Kindern	Erzieher/in oder Lehrer/in
die Natur/Blumen	Gärtner/in oder Florist/in
Computer	Softwareberater/in oder Programmierer/in
Bücher	Bibliothekar/in oder Buchhändler/in

besuchen
→ besuchte
verlassen → verließ
interessieren
→ _____
sollen
→ _____
beginnen
→ _____

Koch/Köchin コック

singen → _____
mögen → _____
[4 格] mögen
[…⁴ が] 好きだ

Altenpfleger/in
老人介護士

Krankenpfleger/in
看護師

Mechatroniker/in
メカトロニクス技術者

Erzieher/in
保育士、幼稚園教諭

Gärtner/in
園芸家、庭師

Florist/in
フラワーデザイナー

Softwareberater/in
ソフトウエアコンサルタント

Programmierer/in
プログラマー

Bibliothekar/in
司書、図書館員

Buchhändler/in
本屋、書籍商

5. Sommerferien 夏休み

🔊 134 **Übung 8** Hören Sie das Gespräch und beantworten Sie die Fragen.
対話を聞き、質問に対する正しい答えに×印をつけなさい。

1. Über welche Sommerferien spricht Familie Schmidt?
   ☐ Sommerferien 2023.   ☐ Sommerferien 2024.
   ☐ Sommerferien 2025.

2. Wann muss Herr Schmidt den Urlaub anmelden, wenn Familie Schmidt im August 2024 reisen möchte?
   ☐ Bis Juli 2023.   ☐ Bis August 2023.
   ☐ Bis März 2024.   ☐ Bis August 2024.

3. Wohin fährt Familie Schmidt im Sommer?
   ☐ Nach Spanien.   ☐ An die Ostsee.
   ☐ In die Schweiz.   ☐ Nach Tschechien.

4. Wie lange verreisen sie im Sommer?
   ☐ 1 Woche.   ☐ 2 Wochen.   ☐ 3 Wochen.   ☐ 4 Wochen.

5. Wie viele Wochen Urlaub hat Herr Schmidt im Jahr?
   ☐ 2 Wochen.   ☐ 4 Wochen.   ☐ 6 Wochen.   ☐ 8 Wochen.

📝 **Übung 9** Suchen Sie im Internet auf der Seite www.schulferien.org Informationen und beantworten Sie die folgenden Fragen. Schreiben Sie die Bundesländer in die Lücken.

インターネットのサイト <u>www.schulferien.org</u> で情報を探し、次の質問に答えなさい。また、地図の空欄に連邦州名を書き入れなさい。

1. Wann sind dieses Jahr die Weihnachtsferien in Hamburg?

   _____.

2. Welches Bundesland hat dieses Jahr zuerst, welches zuletzt Sommerferien?

   _____.

3. Wie viele Wochen dauern die Herbstferien in Bayern?

   _____.

4. Wann beginnen die Winterferien in Berlin?

   _____.

5. Bis wann hat dieses Jahr Sachsen Osterferien?

   _____.

6. Wann sind die Pfingstferien in Thüringen?

   _____.

---

an|melden 申し込む

pl Weihnachtsferien
クリスマス休暇

zuletzt 最後に

pl Osterferien
復活祭の休暇

pl Pfingstferien
聖霊降臨祭の休暇

Schleswig-Holstein
Mecklenburg-Vorpommern
Bremen
Niedersachsen
Brandenburg
Sachsen-Anhalt
Nordrhein-Westfalen
Hessen
Rheinlandpfalz
Saarland
Baden-Württemberg

🔊 Der erste Schultag

In Deutschland sagt man: „Mit der Schule beginnt der Ernst des Lebens".

Für Leon ist es endlich so weit. Er ist 6 Jahre alt, und heute ist sein erster Schultag. Er und seine Eltern gehen zur Schule. Leon trägt einen Schulrucksack und ist sehr nervös. In den Händen hat er eine Schultüte. Das ist seit Anfang des 19. Jahrhunderts eine typisch deutsche Tradition. Jedes Schulkind bekommt am ersten Schultag seine Schultüte. Die Eltern kaufen diese Schultüte oder basteln sie selbst. In der Schultüte ist alles, was* man in der Schule braucht: eine Mappe, Stifte, Hefte usw. So kann Leon lernen. Das ist aber nicht alles. Die Kinder finden in der Schultüte auch Spielsachen, Süßigkeiten oder Obst. Leon ist glücklich. In seiner Schultüte sind auch leckere Bonbons und ein Teddybär.

r Ernst まじめ、本気　*s* Leben 人生　Endlich ist es so weit. ようやく（ある時点に）到達した。　nervös 落ち着かない　typisch 典型的な　basteln 工作する　was …する[ところの] *alles を先行詞とする関係代名詞　*e* Mappe, -n ファイル　*r* Stift, -e 鉛筆、ペン　*pl* Spielsachen おもちゃ　glücklich 幸せな　*r* Bonbon, -s あめ玉

動詞・話法の助動詞の過去人称変化（不規則動詞は巻末の付録及び辞書参照）

規則動詞の過去基本形は、動詞の語幹に te がつく。　*mach*en - *mach*te

分離動詞は、前つづりが文末にくる。　*auf*stehen - stand … *auf*

machen → machte			kommen → kam		
ich **machte**		wir machten	ich **kam**		wir kamen
du machtest		ihr machtet	du kamst		ihr kamt
er/es/sie **machte**		sie/Sie machten	er/es/sie **kam**		sie/Sie kamen

wollen → wollte			müssen → musste		
ich **wollte**		wir wollten	ich **musste**		wir mussten
du wolltest		ihr wolltet	du musstest		ihr musstet
er/es/sie **wollte**		sie/Sie wollten	er/es/sie **musste**		sie/Sie mussten

過去形は、小説や歴史書など書き言葉に使う。話し言葉では（日記や手紙なども）現在完了形を使うが、動詞 sein, haben、話法の助動詞は、話し言葉でも過去形を使う。また、一部の表現 es gab, ich dachte/fand/wusste や副文では、話し言葉でも過去形を使う。

Um 15:00 Uhr **war** die Schule zu Ende.　午後3時には、学校が終わった。

Er **hatte** fast jeden Tag 6 Stunden Unterricht.　彼は、ほとんど毎日6時間授業があった。

Jan **wollte** Rockmusiker werden, *weil* er sich für Rockmusik **interessierte**.
　ヤンはロックに興味があったので、ロックミュージシャンになりたかった。

In der Schule **gab** es kein Schulessen.　学校では給食がなかった。

Grammatik

136 Hören Sie die Durchsagen und ergänzen Sie. アナウンスを聞いて、空欄を補いなさい。

A-Z MEDIA

Ihr Medien-Experte in Ihrer Stadt

Heute im Sonderangebot

Pineapple 12

- 6,3 Zoll Display
- unterstützt 5G
- _____ GB Speicher
- 190 g leicht
- 12 MegaPixel Kamera (Weitwinkel/Ultraweitwinkel)
- Gold / Silber / _____ / Rosa

Nur bei uns!

- Jumbo-Flatrate: 24 €/Mt.
- Highspeed-Surfen bis 20 GB
- SMS/Tel. unbegrenzt
- Basis-Flatrate: _____ €/Mt.
- Highspeed-Surfen bis ___ GB
- SMS 100, Tel 100 Min

Nur bei uns!

- _____ Jahre Zusatzgarantie (kostenlos)
- Arbeitsspeicher (RAM): kostenloser Upgrade auf 64 GB!

McBuch 2

- 15 Zoll Bildschirm
- 2 TB SSD Speicher
- 8-Kern iC Prozessor
- Batterielaufzeit _____ Std.

ePadd Pro

- 11 Zoll Display
- unterstützt 5G
- _____ GB Speicher
- _____ g leicht
- 12 MegaPixel Kamera

Nur bei uns!

- inklusive ePadd Original-Hülle (schwarz / weiß)
- inklusive ePadd Original-Tastatur

r Zoll, - インチ　unterstützen サポートする　*r* Speicher, - メモリ　*r* Weitwinkel, - 広角
unbegrenzt 制限なし、（ここでは）使い放題　*e* Zusatzgarantie, ..tien 追加保証
e Laufzeit, -en 駆動時間　Std. (= Stunden)　*e* Hülle, -n ケース　*e* Tastatur, -en キーボード

1. Hast du eine Lieblingsapp? 一番好きなアプリは？

Dialog 1 (J=Julia, T= Tim)

J: Hast du eine Lieblingsapp?
T: Ja, meine Lieblingsapp heißt „PiepS".
J: „PiepS"? Was für eine App ist das?
T: Das ist eine App zum Erkennen von Vogelstimmen.
J: Echt! Das ist ja interessant.
T: Und was ist deine Lieblingsapp?
J: Meine Lieblingsapp heißt „KlassikDown".
T: Ach, und was kann man damit machen?
J: Damit kann man klassische Musik runterladen.

Übung 1 Machen Sie ähnliche Dialoge mit diesen Apps.
下のアプリを使って対話しなさい。

NaviOne
navigieren

ProDolmetsch
Sprachen übersetzen

DateSuche
Date-Partner
finden

RadioStream
Radiosender
streamen

Sport24
Sportergebnisse
lesen

Red`frei
mit Freunden
chatten

NiGaoE
Porträt-Karikaturen
zeichnen

BahnTicket
Bahntickets
kaufen

Übung 2 Schreiben Sie wie im Beispiel.
例にならって作文しなさい（複数形 3 格に注意）。

PiepS

Das ist eine App zum Erkennen von Vogelstimmen.
Damit kann man Vogelstimmen erkennen.

Sport24

Das ist eine App zum _____ von _____.
Damit kann man _____ _____.

Red`frei

Das ist _____.
Damit kann _____.

BahnTicket

Das _____.
Damit _____.

Lieblings..
（名詞につける）一番好きな
…、お気に入りの…

e App, -s アプリ
zum Erkennen
識別するために［動詞の名
詞化☞ 77 ページ］

erkennen 識別する
e Vogelstimme, -n
鳥の声

runter|laden
（= herunter|laden）
ダウンロードする

übersetzen 翻訳する
r Radiosender, -
ラジオ放送局

s Ergebnis, -se 結果
s Porträt, -s 肖像画
e Karikatur, -en
風刺画

zeichnen 描く

2. Eine E-Mail aus Deutschland ドイツからのメール

Lesetext Sie haben von Ihrer Freundin Hannah folgende E-Mail bekommen.

138

An:

Betreff:

Lieb_____ _____,

wie geht's dir? Ich habe lange nichts mehr von dir gehört. Gibt's was Neues bei dir? Wie ist das Wetter bei euch? Hier in Bremen ist es warm und sonnig.

Wie du weißt, mache ich gerade einen Spanisch-Intensivkurs im Internet. Er ist sehr interessant. Die Übungen sind auch alle online. Das ist gut, denn sie werden immer sofort automatisch korrigiert. Abends sehe ich oft fern. Wir können hier auch spanisches Fernsehen sehen. Ich verstehe natürlich nicht alles, aber es hilft mir, die Sprache besser zu verstehen. Da ich hier keine Spanier kenne, suche ich via Facebook und Instagram Muttersprachler, um mit ihnen zu chatten. Ich glaube, ich verbringe zu viel Zeit vor dem Computer.

Wie verbringst du deine Tage?

Schreib mir doch bitte bald.

Liebe Grüße, deine Hannah

Senden

Übung 3 Schreiben Sie eine E-Mail an Hannah und beantworten Sie dabei folgende Fragen.
以下の質問に対する答えを参考に、ハンナーにメールを書きなさい。

1. Wie geht es Ihnen?
2. Sehen Sie viel / gern / oft fern? Was? Wie lange? Lieblingssendung? Wenn nicht. Warum?
3. Sind Sie auf sozialen Netzwerken? Wo? Was posten Sie? Wenn nicht. Warum?
4. Welche Apps benutzen Sie zum Lernen einer Fremdsprache?
5. Wie viel Zeit verbringen Sie vor dem Computer?
6. Was machen Sie meistens am Wochenende?

An:

Betreff:

Liebe Hannah,

danke für deine Mail. Ich habe mich sehr darüber gefreut.

…

Vokabeln (Randspalte):

von (＋3格) hören
(…3 から) 便りがある

Gibt's (= Gibt es)

was (= etwas)

wie …のように
[従属接続詞]

werden …
korrigiert 訂正される
[受動文 ☞ 77 ページ]

[3格] helfen
[…3 に] 役立つ

via …を通じて

Muttersprachler/in
ネイティブスピーカー

zu （形容詞や副詞と）
あまりに…すぎる

e Sendung, -en 放送

s Netzwerk, -e
ネットワーク

posten 投稿する

3. Welche Medien benutzen die Personen?

どのメディアを使っていますか

 Übung 4 Hören Sie die Interviews. Über welche Medien sprechen die Personen? Wer sagt was? Ordnen Sie die Aussagen zu. (Mann 1=M1, Frau= F, Mann 2=M2) インタヴューを聞いて、誰（男性1 = M1、女性＝ F、男性2 = M2）の発言か、書き入れなさい。

39

1. (　　　) Seit einem Jahr habe ich ein Handy.
2. (　　　) Ich spiele fast jeden Tag Handyspiele.
3. (　　　) Oft arbeite ich mit meinem Laptop im Café.
4. (　　　) Ich schaue mir auf YouTube Musikvideos an.
5. (　　　) Ich höre fast nie Radio.
6. (　　　) Ich sehe selten fern.
7. (　　　) Ich chatte gern mit meinen Freunden.
8. (　　　) Ich höre ständig Musik auf meinem Handy.

ständig 絶え間ない

 Übung 5 Welche Medien benutzen Sie wie oft? Fragen Sie Ihren Partner. どのメディアをどのくらい使うか、例にならって対話しなさい。

40

○ Wie oft siehst du DVDs?
　● Ich sehe manchmal DVDs.

immer　ständig　täglich　oft　manchmal　selten　kaum　nie

kaum ほとんど…ない

Smartphone-Besitz bei Kindern und Jugendlichen in Deutschland nach Altersgruppe

r Besitz 所有

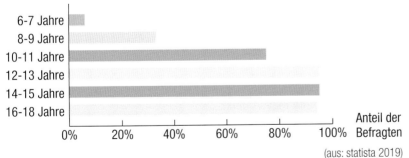

(aus: statista 2019)

Partnerinterview パートナーに尋ねなさい。

 ○ Mit wie vielen Jahren hast du dein erstes Handy bekommen?
　● Ich habe mit 12 Jahren mein erstes Handy bekommen.

141

4. Cyber-Mobbing　ネットいじめ

Lesetext

142 Wie ein Mitschüler gemobbt worden ist, hat fast jeder schon mal mitbekommen. Zum Beispiel werden einzelne Schüler oft von einer ganzen Gruppe ausgegrenzt, und sie dürfen bei Spielen nicht mitmachen, oder sie werden nicht auf Geburtstage eingeladen.

Mobbing im Internet oder über das Handy wird „Cyber-Mobbing" genannt. Auf das Handy können zu jeder Zeit viele beleidigende und verletzende Nachrichten geschickt werden. Ob zu Hause, in der Schule, am Arbeitsplatz oder auch draußen auf der Straße, es gibt für die Opfer kaum noch einen sicheren Ort. Sie werden dauernd gequält.

Das Mobbing im Internet funktioniert beispielsweise über Chatprogramme. Den Opfern werden oft beleidigende Nachrichten von anonymen Personen geschickt. Es gibt auch schon Fälle, da haben sich Hassgruppen zusammengeschlossen, um ihre Opfer über das Internet einzuschüchtern.

Cyber-Mobbing ist ein großes Sozialproblem, weil die Opfer beleidigt, isoliert und tief verletzt werden.

> **Übung 6** Beantworten Sie die Fragen.
> 質問に答えなさい。

1. Wie werden die Opfer gemobbt?
2. Was ist „Cyber-Mobbing"?
3. Wo werden die Opfer überall gemobbt?
4. Warum ist das Cyber-Mobbing für die Opfer so schlimm?
5. Waren Sie schon einmal Opfer von Cyber-Mobbing?

5. Sind Sie handysüchtig? Machen Sie den Test!
スマホ中毒ではないですか。テストしなさい。

> **Übung 7** Beantworten Sie folgende Fragen mit Ja oder Nein.
> 質問にイエスかノーで正直に答えなさい。

143

	ja	nein
1. Checken Sie jeden Morgen, gleich nach dem Aufwachen, noch im Bett Ihre Mails/Chats?	☐	☐
2. Chatten Sie schon vor dem Frühstück mit Ihren Freunden?	☐	☐
3. Schauen Sie beim Essen oder bei Gesprächen ständig auf Ihr Handy?	☐	☐
4. Können Sie sich nicht auf den Unterricht konzentrieren, weil Sie immer an Ihr Handy denken?	☐	☐
5. Haben Sie Angst etwas zu verpassen, wenn Sie nicht dauernd auf Ihr Handy schauen?	☐	☐
6. Benutzen Sie Ihr Handy jeden Tag mehr als 5 Stunden?	☐	☐

受動文

(助動詞) werden	+	過去分詞 (文末)

s Mobbing
執拗ないじめ

r Mitschüler, - 同級生

ist gemobbt worden
いじめられた〔受動文の現在完了形〕

mobben 執拗にいじめる

mit|bekommen
耳にする

aus|grenzen 排除する

nennen 名づける、呼ぶ

zu jeder Zeit
いつでも

**beleidigend /
verletzend**
〔現在分詞〕（形容詞的に後の名詞を修飾する）

beleidigen 侮辱する

verletzen 傷つける

**können … geschickt
werden**
送られることが可能である〔話法の助動詞＋受動文〕

s Opfer, - 犠牲者

dauernd 絶え間ない
〔dauern の現在分詞〕

quälen
苦しめる、いじめる

beispielsweise
例えば

anonym 匿名の

r Fall, ⸚e 事例、ケース

**sich
zusammen|schließen**
手を結ぶ、提携する

ein|schüchtern
怯えさせる、萎縮させる

isolieren 孤立させる

Aufwachen
目覚め〔動詞の名詞化〕

sich⁴ auf (＋4格)
konzentrieren
(…⁴ に）集中する、専念する

an (＋4格) **denken**
(…⁴のことを）考える

e Angst 不安、心配

verpassen 逃す

7. Spielen Sie lieber auf dem Handy, als mit Ihren Freunden etwas zu unternehmen? ☐ ☐

8. Werden Sie wütend, wenn man Ihnen sagt, dass Sie Ihr Handy weglegen sollen? ☐ ☐

9. Spielen Sie lieber in Ihrem Zimmer auf dem Handy, als im Wohnzimmer mit der Familie zu sprechen? ☐ ☐

10. Spielen Sie vor dem Einschlafen immer auf dem Handy? ☐ ☐

Auswertung　評価

Ja: 0　　Super! Sie haben Ihr Handy im Griff und wissen, wann es zu viel ist.

Ja: 1-2　Gut! Aber passen Sie auf, dass Ihr Handykonsum nicht zunimmt!

Ja: 3-6　Achtung! Überlegen Sie sich, wie Sie Ihren Handykonsum reduzieren können. Z. B. ein handyfreier Tag pro Woche.

Ja: > 6　Gefahr! Sprechen Sie mit Ihrer Familie oder mit einer Vertrauensperson und bitten Sie um Hilfe.

 Übung 8　Fragen Sie sich gegenseitig. Benutzen Sie die „du-Form".
du を使い、例にならってお互いに質問しなさい。

44　○ Checkst du jeden Morgen, gleich nach dem Aufwachen, noch im Bett deine Mails?

● → Ja, ich checke jeden Morgen noch im Bett meine Mails.
↘ Nein, ich checke meine Mails erst nach dem Frühstück.

---

wütend　激怒している
[wüten の現在分詞]
weg|legen
かたづける、わきへ置く
s Einschlafen
眠りにつく（こと）
[動詞の名詞化]
im Griff haben
…の扱いを心得ている
auf|passen　気をつける
r Konsum　消費、摂取量
..frei
…のない、…を必要としない
e Gefahr　危険
e Vertrauensperson,
-en　信頼のおける人
um （＋4格）bitten
(…⁴ を)頼む
e Hilfe, -n　助け

---

1. 動詞の名詞化（中性名詞）

動詞の不定詞は中性名詞となる。　Aufwachen　目覚め　　Einschlafen　眠りにつくこと
前置詞 zu（…ために）と共に目的を表す。　zum Lernen einer Fremdsprache　外国語を学ぶために

2. zu 不定詞句 um ... zu ...（…するために）

Ich suche via Facebook Muttersprachler, um mit ihnen zu *chatten*.
チャットするために、フェイスブックでネイティブスピーカーを探している。

3. 受動文（…される）

受動文は、助動詞 werden（定動詞の位置）と過去分詞（文末）で作られる。受動文は、行為者よりも「される」対象のほうに焦点をあてた表現になる。

werden の現在人称変化

ich	werde	wir	werden
du	wirst	ihr	werdet
er/es/sie	wird	sie	werden

Die Übungen werden immer sofort automatisch korrigiert.　練習はいつもすぐ自動的に訂正される。

現在完了形は、完了の助動詞が sein、受動の助動詞 werden の過去分詞 worden が文末に来る。

Ein Mitschüler *ist gemobbt worden*.　一人の同級生がいじめられた。

話法の助動詞を伴うときは、受動の助動詞 werden が文末に来る。

Auf das Handy *können* zu jeder Zeit viele beleidigende Nachrichten geschickt *werden*.　携帯にはいつでも多くの侮辱的なメッセージが送られ得る（→メッセージを送ることができる）。

Bingo

Suchen Sie Personen, die auf die Fragen mit „Ja" antworten. 肯定で答える人を探しなさい。

A: Durftest du als Kind <u>nach 22 Uhr fernsehen</u>?
B: <u>Nein, leider nicht.</u>

A: Musstest du als Kind <u>jeden Tag im Haushalt helfen</u>?
B: <u>Ja, das musste ich.</u> (Ich musste …)

durfte	wollte	musste	konnte	sollte
alleine Bus fahren	Baseball-spieler werden	jeden Tag im Haushalt helfen	Ski fahren	sich nach dem Essen die Zähne putzen
abends im Bett noch lesen	immer draußen spielen	auf deine kleinen Geschwister aufpassen	mit 4 schon Rad fahren	nicht mit den Geschwistern streiten
bei Freunden übernachten	ein eigenes Handy haben	abends früh ins Bett gehen	mit 6 schon schwimmen	ein Instrument lernen
nach 22 Uhr fernsehen	ein eigenes Zimmer haben	jeden Tag das Zimmer aufräumen	schon vor der Schule lesen	gute Noten haben
alleine einkaufen gehen	tanzen lernen	jeden Abend baden	Klavier spielen	mit dem Hund spazieren gehen

auf (＋4格) auf|passen (…⁴に) 気をつける　mit (＋3格) streiten (…³と) けんかをする
s Instrument, -e 楽器

In der Mensa

145 Ordnen Sie den Dialog. 対話を正しい順に並べなさい。

(A: Austauschstudent aus Deutschland, J: Japanischer Student)　　　r Austauschstudent, -en
交換留学生

(　)　A: Habt ihr in Japan in der Mittelschule eine Mensa?

(1)　A: Das Essen hier in der Mensa schmeckt wirklich super, findest du nicht auch?

(　)　J: Ja, es schmeckt ganz gut. Jedenfalls besser als das Essen in meiner Mittelschule.

(　)　A: Ich hatte immer bis drei Uhr Unterricht. Dann bin ich nach Hause gegangen, habe etwas Kleines gegessen und dann Hausaufgaben gemacht.

(　)　A: Nein, in den meisten Schulen nicht. Aber in der großen Mittagspause essen wir belegte Brote oder gehen zum Imbiss.

(　)　J: Wir dürfen nicht zum Imbiss gehen. Übrigens, wie lange dauerte denn der Unterricht?

(　)　J: Nein, aber in der Grund- und Mittelschule gibt es Schulessen im Klassenzimmer. In vielen Schulen wird das Essen direkt in der Schulküche gekocht. Gibt es in Deutschland kein Schulessen?

(　)　A: Na ja, viele treiben Sport oder lernen ein Instrument. Aber das machen wir nicht in der Schule, sondern in einem Sportverein oder an der Musikschule.

(　)　J: Habt ihr denn nach dem Unterricht keine Clubaktivitäten?

 Wortschlange

146

Thomas ist (3 Jahre lang / in der Bäckerei „Baum" / bei seinem Onkel / als Bäcker) in die Lehre gegangen.

Das neue Handy habe ich (gestern Nachmittag / im Media-Markt / als Sonderangebot) gekauft.

 Zungenbrecher

147

Ein schnelles Schulkind schnürt seine Schnürsenkel-Schuhe schnell.

Eine Diplombibliothekarin ist Bibliothekarin mit Diplom.

Hören Sie die Dialoge 1-6 und ordnen Sie sie den Bildern zu.
対話を聞いて、該当するイラストに対話 1 ～ 6 の番号を入れなさい。

( )   ( )

( )   ( )

( )   ( )

 Vervollständigen Sie die Sätze. 空欄を補い、文を完成しなさい。

hätte   würde (4x)   hätten   wären   wäre

 → Wenn es einen Turnverein geben (   ),
(   ) ich turnen gehen.

 → Wenn wir einen größeren Fernseher (   ),
(   ) die Sportübertragungen noch attraktiver.

 → Wenn es nicht so windig (   ), (   ) ich
auf meinem Balkon Kräuter pflanzen.

 → Wenn ich genug GB (   ), (   ) ich das Video
auf meinem Handy anschauen.

r Turnverein, -e 体操クラブ   turnen 体操する   *e* Übertragung, -en 中継放送
pl Kräuter ハーブ   pflanzen 植える   an|schauen 見る

1. Wenn ich keinen Unterricht hätte, … もし授業がなければ…

 Dialog 1 (H=Hans, K=Kathrin)

♪54

> K: Hallo, Hans. Ich gehe jetzt in die Cafeteria, kommst du mit?
> H: Wenn ich keinen Unterricht hätte, würde ich gerne
>   mitkommen.
> K: Ach so, du hast Unterricht.
> H: Aber wir können uns ja morgen treffen.
>   Wir könnten zusammen spanisch kochen.
> K: Wenn ich morgen nicht jobben müsste, würde ich gerne
>   zusammen spanisch kochen.
> H: Alles klar. Kein Problem. Vielleicht klappt es nächste Woche.

接続法2式	
	基本形
haben	hätte
können	könnte
müssen	müsste
sein	wäre
werden	würde

人称変化	
ich er/es/sie	hätte
du	hättest
wir sie/Sie	hätten
ihr	hättet

klappen うまくいく

 Übung 1 Machen Sie ähnliche Dialoge. 下の語を使って対話しなさい。

Wohin?	Gründe 理由		Vorschläge 提案
	haben	müssen	
zu Paul	Clubaktivitäten	zum Arzt gehen	einen Film sehen
shoppen	eine Fahrstunde	einen Report schreiben	in die Karaoke-Bar gehen
in die Bibliothek	Besuch	für die Prüfung lernen	essen gehen
zum Fußballspiel	Hausaufgaben	zum Frisör gehen	Videospiele spielen

shoppen
ショッピングをする

r Report, -e 報告書

 Übung 2 Schreiben Sie Sätze im Konjunktiv.
下の語を使い、例にならって作文しなさい。

Paul würde gerne ins Basketball-Training gehen, aber er muss für
die Aufnahmeprüfung lernen.
Hanna und Kento …

Wer?	Wunsch	Realität 現実
Hana und Kento	als Honeymoon eine Weltreise machen	nur nach Hakodate fahren können
ich	den spannenden Film zu Ende schauen	Abendessen kochen müssen
Takumis Vater	ein neues Auto kaufen	für Takumis Studium Geld sparen müssen
wir	zum J-League Finale gehen	das Spiel ausverkauft sein

spannend
はらはらさせる
[spannen の現在分詞]

s Finale, Finals
決勝戦

ausverkauft
売り切れた

 Übung 3 Schreiben Sie ähnliche Sätze über sich, ihre Freunde oder ihre
Familie. 自分自身や友人、家族について、同様の作文をしなさい。

2. Wenn ich du wäre, ... もし私が君だったら…

 Übung 4 Benutzen Sie die Vokabeln aus dem Kasten und schreiben Sie, was Sie machen würden.
例にならい、下の語を使って、あなたならどうするかを作文しなさい。

> ein Taxi nehmen   den Beruf wechseln
> ~~ein anderes Hobby suchen~~   die Polizei rufen*
> nach München in die Nähe der Alpen umziehen

1. „*Maria* lernt seit 5 Jahren Klavier, obwohl sie kein musikalisches Talent hat."
   a) „Wirklich*? Also, wenn ich *sie* wäre, <u>würde</u> ich ein anderes Hobby <u>suchen</u>."
   b) „Echt*? Also, ich an *ihrer* Stelle <u>würde</u> ein anderes Hobby <u>suchen</u>."

2. „Paul arbeitet weiter als Friseur, obwohl er allergisch gegen Haarfärbemittel ist."
   a) „_____, _____."
   b) „_____."

3. „Wir können am Wochenende oft nicht schlafen, weil unsere Nachbarn Partys mit lauter Musik feiern."
   a) „_____, _____."
   b) „_____."

4. „Anna lebt alleine in Kiel am Meer, obwohl sie die Berge liebt."
   a) „_____, _____."
   b) „_____."

5. „Ich muss nach der Arbeit oft zu Fuß nach Hause, weil kein Bus mehr fährt."
   a) „_____, _____."
   b) „_____."

3. Tim sucht einen Verein in Köln. ティムはケルンにあるクラブを探します

Übung 5 Hören Sie das Gespräch. Über welche Vereine sprechen sie? Kreuzen Sie an. 対話を聞いて、話に出てくるクラブに×印をつけなさい。

155

☐ Konzertchor Köln   ☐ Reitverein Porz
☐ Rheinstars Köln   ☐ Kölner Gesangsverein
☐ Fotowerkstatt Köln   ☐ Volkstanzfreunde Köln
☐ Karnevalsverein „Unger Uns"

左欄注記:

* 安眠妨害 (Ruhestörung) は警察を呼ぶ

ich an deiner/seiner/ihrer/eurer Stelle
私が君 / 彼 / 彼女 / 君たち の立場だったら

* Wirklich? は丁寧な表現で、年配の人が使い、Echt? は日常語で比較的若い人が使う。

s Haarfärbemittel, -
染毛剤

155

Übung 6 Hören Sie noch einmal und ergänzen Sie die Tabelle unten.
もう一度対話を聞いて下の表に書き入れなさい。

Basketball spielen   tanzen lernen   Sport machen   fotografieren
Karneval feiern   reiten   schwimmen   singen

Tim möchte ...	Tim kann nicht ...	Tim möchte nicht ...
_____	_____	_____
_____	_____	_____
_____	_____	_____

4. Volkstanzfreunde Köln e.V. ケルンフォークダンスクラブ

Lesetext

156

Im Sommer 1983 haben wir uns zum ersten Mal getroffen und zusammen getanzt. Seit 1991 sind wir ein Verein und heißen Volkstanzfreunde Köln e.V. Wir sind eine altersmäßig bunt gemischte Gruppe aus Einzelpersonen und Paaren. Unsere Tanzkleidung hat die Farben der Stadt Köln: Rot und Weiß. Die Frauen tragen eine weiße Bluse und einen roten Rock, die Männer tragen ein weißes Hemd und eine schwarze Hose. Wir treffen uns regelmäßig zum Tanzen, aber auch für andere Aktivitäten. Manchmal machen wir auch Ausflüge oder treffen uns mit anderen Tanzgruppen. Kommen Sie doch einmal bei uns vorbei. Wir würden uns freuen. Wir tanzen zweimal im Monat jeweils am 2. und 4. Dienstag von 19:00 - 21:00 Uhr in der Tanzhalle.

e.V.
(=eingetragener
Verein) 社団法人

zum ersten Mal
はじめて

r Verein, -e
団体、クラブ

altersmäßig 年齢的に
bunt gemischt
いろいろとりまぜた

e Bluse, -n ブラウス
r Rock, ⁼e スカート
regelmäßig 規則的な

bei (＋3格)
vorbei|kommen
(…³のところに) 立ち寄る

jeweils そのつど、毎…

Übung 7 Schreiben Sie zu den Antworten die Fragen. 疑問文を作りなさい。

1. _____? - Er heißt Volkstanzfreunde Köln.
2. _____? - Es gibt ihn seit 1991.
3. _____? - Sie tragen eine weiße Bluse und einen roten Rock.
4. _____? - Sie tragen ein weißes Hemd und eine schwarze Hose.
5. _____? - Ja, sie machen auch Ausflüge oder treffen sich mit anderen Tanzgruppen.
6. _____? - Sie tanzen zweimal im Monat.
7. _____? - Sie treffen sich am 2. und 4. Dienstag.
8. _____? - Sie treffen sich abends um sieben.
9. _____? - Sie tanzen in der Tanzhalle.

5. Fährst du dieses Jahr auch wieder zur Kur?

今年もまた療養に行くの？

Übung 8 Lesen Sie den Dialog und streichen Sie die nicht passende Präposition. 対話を読み、不適切な前置詞を棒線で消しなさい。

A: Fährst du eigentlich dieses Jahr auch wieder zur Kur ~~an~~ / **in** die Berge?

B: Ja, **in / vor** drei Monaten fahre ich nach St. Moritz in die Schweiz.

A: Und was machst du dort?

B: Ich mache **seit / für** eine Woche eine Aroma-Relax-Kur.

A: Warst du da nicht schon **im / am** letzten Jahr?

B: Ja, das mache ich schon **vor / seit** fünf Jahren jeden Sommer. Es macht großen Spaß. Vormittags erhole ich mich bei verschiedenen Aroma-Kuren, und **über / nach** dem Mittagessen gehe ich wandern und genieße die klare Bergluft.

A: Das hört sich gut an.

B: Ja, ich kann dir mal einen Prospekt mitbringen. Und was machst du diesen Sommer?

A: Ich besuche **in / seit** langem wieder einmal meine Großmutter in München.

B: Toll. Ich war auch schon mal in München, aber das ist **über / seit** 10 Jahre her.

Übung 9 Hören Sie das Gespräch und kontrollieren Sie. 対話を聞いて、確認しなさい。

157

e Kur, -en 療養、保養

sich⁴ erholen 休養する

sich⁴ an|hören …のように聞こえる

Das hört sich gut an. 良さそうだね

über …を越えて、…を過ぎて

her （ある時から）今までに（…の時間が過ぎている）

6. Wanderland Deutschland ハイキングの国ドイツ

Übung 10 Lesen Sie den Text und ergänzen Sie die Lücken. 文章を読み、下から語を選んで、空欄を補いなさい。

Für viele Deutsche ist Wandern eine beliebte __________ in ihrer Freizeit. Es macht Spaß, weil man etwas für die _________ macht und draußen in der ________ ist. Einige gehen dafür ins Ausland, aber die meisten wandern im eigenen Land, denn es gibt über 200.000 km zertifizierte __________ in ganz Deutschland. Auf Fernwanderwegen wandert man mehrere ___________ und übernachtet in Herbergen oder Pensionen entlang der Wanderrouten. Bei langen Wanderungen sind funktionelle Kleidung und gute __________ besonders wichtig. Um sich jederzeit orientieren zu können, benutzen heutzutage viele ________ ein GPS-Gerät.

Tage　Gesundheit　Aktivität　Wanderschuhe
Wanderer　Natur　Wanderwege

zertifiziert 認定された

r Fernwanderweg, -e 長距離のハイキング道

e Herberge, -n 宿

entlang （＋２格）（…²）に沿って

e Route, -n ルート、コース

funktionell 機能的な

jederzeit いつでも

sich orientieren 自分の位置を知る

heutzutage 今日では、近頃では

Übung 11) Hören Sie und kontrollieren Sie. 音声を聞いて確認しなさい。

158

接続法２式の人称変化と用法

接続法２式は、主に動詞 sein, haben、未来の助動詞 werden、話法の助動詞 können, müssen が使われ、一般の動詞には werden の接続法２式と不定詞を用いる。

sein – war – **wäre** （接続法Ⅱ式基本形）	
ich wäre	wir wären
du **wärst**	ihr wär(e)t
er/es/sie wäre	sie/Sie wären

haben – hatte – **hätte**	
ich hätte	wir hätten
du hättest	ihr hättet
er/es/sie hätte	sie/Sie hätten

werden – wurde – **würde**	
ich würde	wir würden
du würdest	ihr würdet
er/es/sie würde	sie/Sie würden

können – konnte – **könnte**	
ich könnte	wir könnten
du könntest	ihr könntet
er/es/sie könnte	sie/Sie könnten

müssen – musste – **müsste**	
ich müsste	wir müssten
du müsstest	ihr müsstet
er/es/sie müsste	sie/Sie müssten

sollen – sollte – **sollte**	
ich sollte	wir sollten
du solltest	ihr solltet
er/es/sie sollte	sie/Sie sollten

① 非現実話法（事実とは異なることを想定し、その場合の結論を話す）。

Wenn ich keinen Unterricht **hätte**, **würde** ich gerne *mitkommen*.
授業がなかったら、一緒に行くだろう。

Wenn ich heute Abend nicht *jobben* **müsste**, **würde** ich gerne zusammen *kochen*.
今夜バイトをしなくてもよ ければ、一緒に料理するだろう。

wenn ich *du/er/sie/ihr* **wäre** （私が…だったら）は、ich an *deiner/seiner/ihrer/eurer* Stelle （私が …の立場だったら）で言い換えることができる。

Wenn ich *sie* **wäre**, **würde** ich ein anderes Hobby *suchen*. 私だったら、他の趣味を探すだろう。
Ich an *ihrer* Stelle **würde** ein anderes Hobby *suchen*.

② 婉曲な言い回しや、丁寧な依頼の表現に用いる。

Wir **könnten** zusammen spanisch *kochen*. 一緒にスペイン料理を作ることができるけど。
Ich **hätte** gern ein Medikament gegen Schnupfen. 鼻風邪の薬が欲しいのですが。

Grammatik

159 -163 Um welchen Feiertag geht es? Hören Sie die Dialoge und ordnen Sie zu.
対話を聞いて、該当する祝日に、対話1〜5の番号を書き入れなさい。

☐ Fasching/Fastnacht/Karneval
(im Februar oder März)

☐ Ostern (im Mai oder April)

☐ Fronleichnam (im Mai oder Juni)

☐ Maifeiertag (am 1. Mai)

☐ Tag der Deutschen Einheit
(am 3. Oktober)

☐ Weihnachten
(am 25. und 26. Dezember)

☐ Silvester
(am 31. Dezember)

☐ Neujahr (am 1. Januar)

Unterstreichen Sie das Substantiv im Hauptsatz und vervollständigen Sie die Sätze mit „das", „dem", „den", „der" oder „die". 例にならって、先行詞に下線を引き、空欄に関係代名詞（das, dem, den, der, die）を補い、文を完成しなさい。87 ページの関係代名詞の表を参考にしなさい。

1. Gestern war <u>ein langer Tag</u>, an *dem* ich mit Freunden Silvester gefeiert habe.
2. Heute ist der große Faschingsumzug in Köln, auf ___ ich mich schon das ganze Jahr gefreut habe.
3. Es gibt viele Menschen, ___ als Clown verkleidet Fasching feiern.
4. Vergiss nicht, einen großen Hut mitzunehmen, mit ___ du die Süßigkeiten beim Faschingsumzug fangen kannst.
5. Ostern ist ein Fest, ___ immer groß gefeiert wird.
6. Schade, dass es in Japan kein Ostern gibt, ___ man feiern kann.
7. Sag mal, wo sind denn die Böller, ___ ich für den Silvesterabend gekauft habe?
8. Der Weihnachtsbaum, ___ du dieses Mal direkt beim Bauern gekauft hast, ist wirklich schön.

r Umzug, ̈-e パレード　verkleidet 仮装した　fangen 受け止める　*r* Böller, - 花火の玉　*r* Bauer, -n 農夫

 164 Hören Sie und kontrollieren Sie.
音声を聞いて確認しなさい。

1. Feste und Feiertage in Deutschland ドイツのお祭りと祝日

Dialog 1   Takashi und Lina sprechen über deutsche Feste.

165

> T: Du, Lina, welches deutsche Fest gefällt dir am besten?
>
> L: Mir gefällt Karneval am besten.
>
> T: Was ist das denn?
>
> L: Karneval ist ein Fest, an dem man sich verkleidet
>   und draußen auf den Straßen getanzt wird.
>
> T: Oh, das möchte ich mal mitmachen. Wann ist das?
>
> L: Immer im Februar oder März, 6 Wochen vor Ostern.

定関係代名詞		
	男性	中性
1格	der	das
4格	den	
3格	dem	
	女性	複数
1格	die	
4格		
3格	der	denen

sich⁴ verkleiden
仮装する

Allerheiligen
諸聖人の祝日

Fronleichnam
聖体の祝日

Aschermittwoch
灰の水曜日（復活節に先立つ四旬節の初日）

Karfreitag
復活節直前の金曜日

Christi Himmelfahrt
キリストの昇天（復活祭後40日目）

Reformationstag
宗教改革記念日

Übung 1   Erklären Sie deutsche Feiertage mit dem Relativsatz. Verbinden Sie die beiden Sätze zu einem Relativsatz. 例にならって、関係文を使ってドイツの祝日を説明しなさい。

1. Weihnachten ist ein Fest. Man feiert das Fest ganz ruhig nur in der Familie.
   Weihnachten ist ein Fest, das man ganz ruhig nur in der Familie feiert.

2. Silvester ist ein Tag. An dem Tag wird um 24 Uhr das Jahresende mit einem großen Feuerwerk gefeiert.

3. Ostern ist eine schöne Zeit. Sie liegt im März oder im April.

4. „Allerheiligen" und „Fronleichnam" sind Feiertage. An den Tagen haben nur die Menschen in katholischen Bundesländern frei.

Übung 2   Machen Sie ähnliche Dialoge wie Dialog 1. Benutzen Sie den Kalender unten. 下の祝日のカレンダーと Übung 1 を参考に、対話しなさい。

Fest- und Feiertage 2028

1. Jan.	Neujahr	1. Jan.	元旦 (Neujahr)
*29. Febr.	Fastnacht	8. Jan.	成人の日 (Tag des Erwachsenwerdens)
*1. März	Aschermittwoch	11. Febr.	建国記念の日 (Tag der Reichsgründung)
14. April	Karfreitag	23. Febr.	天皇誕生日 (Geburtstag des Kaisers)
16. April	Ostersonntag	20. März	春分の日 (Frühjahrsanfang)
17. April	Ostermontag	29. April	昭和の日 (Showa-Tag)
1. Mai	Tag der Arbeit	3. Mai	憲法記念日 (Verfassungsgedenktag)
25. Mai	Christi Himmelfahrt	4. Mai	みどりの日 (Grüner Tag)
4. Juni	Pfingstsonntag	5. Mai	こどもの日 (Tag der Kinder)
5. Juni	Pfingstmontag	17. Juli	海の日 (Tag des Meeres)
*15. Juni	Fronleichnam	11. Aug.	山の日 (Tag der Berge)
3. Okt.	Tag der Deutschen Einheit	18. Sept.	敬老の日 (Tag des Respekts vor dem Alter)
**31. Okt.	Reformationstag	22. Sept.	秋分の日 (Herbstanfang)
*1. Nov.	Allerheiligen	9. Okt.	スポーツの日 (Sporttag)
25. Dez.	Weihnachten	3. Nov.	文化の日 (Kulturtag)
26. Dez.	Weihnachten	23. Nov.	勤労感謝の日 (Tag des Dankes für die Arbeit)

*Nur in katholischen Bundesländern カトリックの州のみ　**Nur in evangelischen Bundesländern プロテスタントの州のみ

über …の間

„Kohaku-Utagassen"
紅白歌合戦

zum Schrein 神社へ

Neujahrskarten 年賀状

Osechi-Gerichte
御節料理

Jahreswechselsoba
年越し蕎麦

Neujahrsschmuck
しめ飾

Neujahrssonnenaufgang
初日の出

Neujahrstaschengeld
御年玉

Zoni 雑煮

Mochi 餅

Spiegel-Reiskuchen 鏡餅

Neujahrswundertüte
福袋

an|schauen
auf|hängen 掛ける
auf|stellen
供える（据える）

bekommen
essen
fern|sehen
geben gehen
kaufen kochen
lesen
putzen 掃除する
schreiben

bedeuten 意味する
r **Advent** 待降節
r **Adventskalender, -**
待降節のカレンダー

e **Adventszeit**
待降節の時期（4回の日曜
日を含むクリスマス前の4
週間）

r **Adventskranz, ⸚e**
待降節のリース
an|zünden
火をつける
brennen 燃える
romantisch ロマン
チックな
ob …かどうか
[従属接続詞]

 Dialog 2 (A=Anja, Y=Yuriko)
166

> Y: Freust du dich schon auf Weihnachten?
> A: Ja schon. Aber ich muss für meine Familie Geschenke kaufen,
> möchte Weihnachtskarten schreiben und habe auch Lust,
> Kekse zu backen. Und auch Lebensmittel muss ich noch
> kaufen, denn die Geschäfte sind über Weihnachten zu.
> Y: Das ist so wie Neujahr bei uns in Japan.
> A: Ja? Erzähl doch mal, wie es in Japan ist.

 Übung 3 Was machen Sie an Weihnachten, Silvester und Neujahr? Führen
Sie den Dialog fort. 日本のクリスマス、大晦日、お正月に何をするか、
対話の続きを書きなさい。

3. Was bedeutet „Advent"?　「アドベント」とはどういう意味ですか

 Dialog 3 Anja und Yuriko bummeln durch Berlin.
167

> Y: Anja, sieh mal die Adventskalender. Ich möchte mal wissen,
> was „Advent" eigentlich bedeutet.
> A: Die Adventzeit ist die Zeit vor Weihnachten, die vier Sonntage
> vor dem 1. Weihnachtstag beginnt.
> Y: Wird da etwas Besonderes gemacht?
> A: In vielen Familien werden Adventskränze aufgestellt. Am 1.
> Advent wird die erste Kerze angezündet, am 2. Advent die
> zweite, … .
> Y: … bis alle vier brennen? Wie romantisch!

 Übung 4 Führen Sie den Dialog weiter. Formen Sie die Sätze in direkte
Frage um. 例にならって間接疑問文を直接疑問文に言い換え、対話の続
きを書きなさい。

1. Ich möchte mal wissen, was „Advent" eigentlich bedeutet?
   Was bedeutet „Advent"?

2. Yuriko möchte wissen, wann dieses Jahr der 1. Advent ist.

   _____

3. Yuriko fragt, ob Anja auch einen Adventskranz aufstellt.

   _____

4. Anja möchte wissen, ob es auch in Japan eine Adventszeit gibt.

   _____

4. Was macht ihr eigentlich Weihnachten?

クリスマスには何をしますか

 Übung 5 Richtig oder falsch? Hören Sie das Gespräch und kreuzen Sie an.
168　　対話を聞いて、該当する方に×をつけなさい。(r=richtig, f=falsch)

	r	f
1. Am Heiligabend geht Julia mit Freunden aus.	☐	☐
2. Weihnachten gehen viele Leute in die Kirche.	☐	☐
3. Weihnachten feiert man ruhig in der Familie.	☐	☐
4. Am Heiligabend isst man Steak.	☐	☐
5. Alle Familien feiern das Weihnachtsfest traditionell.	☐	☐
6. Zu Weihnachten gibt es Feuerwerk.	☐	☐
7. Am Silvesterabend geht man auf Partys.	☐	☐
8. Am ersten Januar wird schon gearbeitet.	☐	☐

5. Silvesterbräuche in Deutschland ドイツの大晦日の慣習

 Lesetext

169　Die Deutschen feiern den Jahreswechsel gerne mit Freunden.
Es gibt viele traditionelle Silvesterbräuche.
Am Silvesterabend essen viele Fleischfondue oder Raclette, weil es am Tisch gekocht wird und man die Zeit bis Mitternacht gemeinsam verbringen kann.
Linsensuppe oder Karpfen wird auch oft gegessen, weil man hofft, dass es dadurch keine Geldsorgen im neuen Jahr gibt. Linsen stehen für Geldmünzen. Und wenn man eine Schuppe des Karpfens in seinem Portmonee hat, soll finanziell alles gut werden.
Als Süßes gibt es auch oft Berliner*, die mit Marmelade gefüllt sind und frittiert werden. Manchmal ist nicht Marmelade, sondern Senf drin. Wer den Berliner mit Senf erwischt, soll im neuen Jahr weniger Glück haben.
Zu Trinken gibt es häufig Silvesterpunsch. Um Punkt Mitternacht stößt man mit Sekt auf das neue Jahr an.
Kein Jahreswechsel ohne Feuerwerk. Böller und Raketen dürfen auf fast keiner Silvesterfeier fehlen. Knallen, Zischen und buntes Feuerwerk sollen Unglück und böse Geister vertreiben.
Zu Silvester dürfen auch Kinder bis Mitternacht aufbleiben und mitfeiern.

Übung 6 Was isst man in Japan zu Silvester und Neujahr? Warum isst man das? 日本の大晦日と正月に何を食べるか、またその理由を作文しなさい。

---

s Raclette
ラクレット（アルプス地方のチーズ料理）

e Linse, -n　レンズ豆

r Karpfen, -　鯉

pl Geldsorgen
金銭上の心配

stehen für (+4 格)
(…⁴ を) 代表している

e Münze, -n　硬貨

e Schuppe, -n　鱗

finanziell 金銭的な

* 南ドイツでは Krapfen と言う

e Marmelade, -n
ジャム

füllen　詰める、満たす

frittieren　油で揚げる

wer …する人 [不定関係代名詞 ☞ 91 ページ]

erwischen　捕まえる

r Punsch
パンチ（酒の入った混合飲料）

e Rakete, -n
打ち上げ花火

knallen
ドンという音を立てる

zischen
シュッと音を立てる

r Geist, -er　霊

vertreiben　追い払う

auf|bleiben
起きている

応用語句

sich ein langes Leben wünschen
長寿を祈る

Unglück vermeiden
事故・不幸を避ける

Wohlstand und Gesundheit für die Nachkommenschaft wünschen
子孫の繁栄と健康を祈る

Dialog 4 Barbara und Andreas unterhalten sich über Osterbräuche in ihren
170 Familien.

> B: Andreas, was wird bei euch zu Ostern gemacht?
>
> A: Bei uns werden vor Ostern Eier bunt angemalt, und es wird
> viel gebastelt. Und was wird bei euch gemacht?
>
> B: Bei uns werden Zweige aus dem Garten mit Ostereiern
> geschmückt. Was macht ihr eigentlich am Ostersonntag?
>
> A: Wir gehen schon morgens um 6 Uhr in die Kirche. Dort wird
> auch gemeinsam gefrühstückt. Danach gehen wir nach Hause
> und dort werden dann im Garten Schokoladeneier gesucht.

an|malen 色を塗る
r Zweig, -e 枝
s Schokoladenei, -er
卵型のチョコレート

 Übung 7 Was wird in Karins und Stefans Familien gemacht? Schreiben Sie
einen weiteren Dialog im Passiv. カーリンとシュテファンの家庭で
の復活祭について、下の語と受動態を使って、対話を作りなさい。

K: Bastelt ihr einen Osterkranz?
S: Ja, bei uns wird ein Osterkranz gebastelt.
   Und ihr, esst ihr viele Eier?
K: Ja, bei uns werden viele Ostereier gegessen.
   Und ihr, backt ihr Osterbrot?
S: Nein, bei uns wird kein Osterbrot gebacken.
   Und ihr, …

s Lamm, ⁼er 子羊
s Osterlamm
イースターに食べる子羊の
肉

verstecken 隠す

Stefan	Karin
+einen Osterkranz basteln	+viele Ostereier essen
-Osterbrot backen	+einen Osterspaziergang machen
+den Ostertisch schmücken	-Osterlamm essen
-Ostereier im Garten verstecken	-Ostereier anmalen

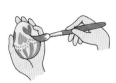

Eier anmalen

Schokoladeneier

Osterkranz

Osterbrot

Osterstrauß

Osterhase

Die fünfte Jahreszeit 第五の季節

Karneval, Fastnacht und Fasching. Man nennt sie auch die fünfte Jahreszeit, die am 11.11. um 11:11 Uhr beginnt. Sie dauert bis Februar oder März. Im Rheinland nennt man diese Zeit Karneval, im Südwesten Fastnacht und in Bayern Fasching. Karneval ist ein bisschen wie Halloween. Der Höhepunkt der Karnevalszeit ist im Februar oder Anfang März.

Am Rosenmontag und Faschingsdienstag gibt es große Umzüge, an denen geschmückte Wagen durch die Stadt fahren. Viele Menschen sind als Piraten, Märchenfiguren oder Clowns verkleidet und stehen an der Straße, um Süßigkeiten zu fangen, die von den Wagen geworfen werden. Am Aschermittwoch ist die fünfte Jahreszeit zu Ende und die Fastenzeit beginnt.

[4格＋4格] nennen (…⁴を…⁴と) 名づける、呼ぶ　*e* Höhepunkt, -e 頂点　*r* Rosenmontag, -e バラの月曜日（カーニバル中心日の前日）　*r* Faschingsdienstag, -e カーニバルの火曜日　*r* Wagen, - 車　*r* Pirat, -en 海賊　*e* Märchenfigur, -en おとぎ話の人物　verkleiden 仮装させる　*e* Fastenzeit, -en 断食期間

Grammatik

1. 関係代名詞と関係文

関係代名詞に導かれる副文を関係文という。定動詞は文末、主文と関係文の間はコンマで区切る。定関係代名詞は、関係文と主文のどれかの名詞（＝先行詞）とを関連づけ、定関係代名詞の性・数は先行詞の性・数と一致する。格は、関係文中の役割（主語、目的語など）によって決まる。定関係代名詞の格変化形は、指示代名詞と同じ。

	男性	中性	女性	複数
1格	der	das		die
4格	den	das		die
3格	dem		der	denen

Weihnachten ist ein Fest, das man ganz ruhig nur in der Familie *feiert*.
クリスマスは、家族だけでとても静かに祝う、お祝いです。

Silvester ist ein Tag, an dem um 24 Uhr das Jahresende mit einem großen Feuerwerk *gefeiert wird*.　大晦日は、夜12時に花火で年の終わりを祝う日です。

関係代名詞 was は、alles, das, etwas, nichts や中性名詞化した形容詞を先行詞とする場合と、先行詞なし（先行詞を意味的に含む不定関係代名詞「…するもの、…すること」）で関係文全体が主文にかかる場合がある。

In der Schultüte ist alles, was man in der Schule *braucht*.
シュールテューテの中には、学校に必要なものがすべて入っている。

不定関係代名詞 wer は先行詞を意味的に含む（「…する人」）。

Wer den Berliner mit Senf *erwischt*, soll im neuen Jahr weniger Glück haben.
マスタード入りのベルリーナをつかんだ人は、新年はついていないそうだ。

2. 間接疑問文

主文に埋め込まれ、副文の形になった疑問文。疑問詞が接続詞を兼ね、決定疑問文（ja か nein の答えを求める）では従属接続詞 ob（…かどうか）を用いる。

Erzähl doch mal, wie es in Japan *ist*.　日本ではどうなのかを話してください。

Yuriko fragt, ob Anja auch einen Adventskranz *aufstellt*.
アンヤもアドベントのリースを飾るのかと、ゆり子は質問する。

Ja, das kann ich!　6

Wechselspiel A ⇄ B　Fragen Sie sich gegenseitig. (B auf Seite 98.)

A	Lukas	Tim	Anna	Lara	Sie
Fieber haben	Tee trinken		eine Fiebertablette nehmen		
Hunger haben	einen Döner essen		zum Imbiss gehen		
Millionär/in sein	ein teures Haus am Meer bauen		einen Diamantring kaufen		
in Japan wohnen	jeden Tag Sushi essen		jeden Tag Japanisch lernen		(in Deutschland)

B: Was würde <u>Lukas</u> machen, wenn <u>er Fieber hätte</u>?
A: Wenn <u>Lukas Fieber hätte</u>, würde <u>er Tee trinken</u>.

◀))) Der Osterhase erzählt

172　Hören Sie und ergänzen Sie. 音声を聞いて、空欄を補いなさい。

Guten Tag, darf ich mich vorstellen? Ich bin der ¹⁾_____. Vor ²⁾_____ bin ich sehr beschäftigt: ³⁾_____ müssen gekocht, dann bunt gefärbt oder ⁴⁾_____ werden, und Eier aus ⁵⁾_____ müssen gut eingepackt werden. Früh am ⁶⁾_____ verstecke ich die Eier in ⁷⁾_____ und ⁸⁾_____. Danach verstecke ich mich selber und schaue zu, wie die ⁹⁾_____ sich auf die Suche nach meinen ¹⁰⁾_____ machen. Warum ich eigentlich Eier verteile? Nun, sie sind ein Symbol für das Leben. Ach ja: „Frohe Ostern"!

sich⁴ vor|stellen 自己紹介する　beschäftigt sein 忙しい　färben 彩色する　sich⁴ verstecken 隠れる　zu|schauen 眺める　wie …するのを [従属接続詞]　sich⁴ auf die Suche nach (+3格) machen (…³を) 探す　verteilen 配る　s Symbol, -e 象徴　s Leben 生命

Was machen der Osterhase und die Kinder am Ostersonntag?
イースターのウサギと子供たちがイースターの日曜日に何をするか書きなさい。

Der Osterhase _____.
Die Kinder _____.

Weihnachtsrätsel

In jeder Zeile versteckt sich ein Wort zum Thema Weihnachten. Nur ein Buchstabe fehlt. Wie heißt das Lösungswort? 各行にクリスマスに関する単語が一つ隠れていて、一文字欠けています。欠けた文字を縦に読むと単語ができます。その単語を解答欄に書きなさい。

OPERKIRC —— EGEHEN

WAEDERADV —— NTSKRANZ

SANOMMERJAW —— NTERRODE

AUOBSTUNKUÄPFE —— ESSENTRINKE

WIRTRINKENGLÜHWE —— NICHTGERNENUE

ICHMAGAUCHEINOPER —— ESCHENKERESSENT

WEIERGUBEGLÜHWEIHN —— CHTENINMEINLEBENIS

HEUTEISTEINWEIHNACHTS —— AUMBLUEHTNIEWIEDER

WIRGEHENMITFAMILIEFRIEW —— IHNACHTSFESTFEIERNUNE

HEISSUNDKALTWEITEERSTSCH —— EELIEGTAUFDESCHLITTENFA

MITDERFAMILIENFINDIEOPERALIE —— ERSINGENAEAGESCHENKEKA

Lösungswort: __ __ __ __ __ __ __ __ __ __ __

Wortschlange

173

Ich möchte (am Wochenende / bei schönem Wetter / mit meinem Hund / um den See herum) spazieren gehen.

Ich möchte (heute Nachmittag / mit meiner Freundin / bei mir zu Hause / im Wohnzimmer / am Esstisch) einen Osterkranz basteln.

Zungenbrecher

174

Wenn Weihnachtswichtel weiße Weihnacht wünschen, werden Winterwunder wahr.

Wer Anderen eine Bratwurst brät, hat wohl ein Bratwurstbratgerät.

Glücks- (und andere) Symbole zum Neuen Jahr

Zum neuen Jahr sieht man in vielen Häusern und Geschäften diese Symbole.

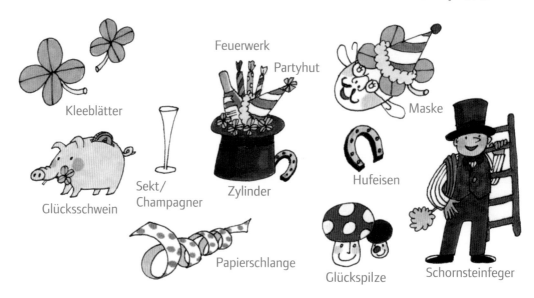

Kleeblätter

Feuerwerk

Partyhut

Maske

Glücksschwein

Sekt/ Champagner

Zylinder

Hufeisen

Papierschlange

Glückspilze

Schornsteinfeger

Oster-Wörter-Korb

Ergänzen Sie die Oster-Wörter mit den Buchstaben aus den Ostereiern.
下のかごの中から選んだ卵の文字を使って、復活祭に関する単語を補いなさい。

OSTER _ _ _ _

OSTER _ _ _ _ _ _

OSTER _ _ _ _

OSTER _ _ _ _

OSTER _ _ _ _ _ _

OSTER _ _ _ _

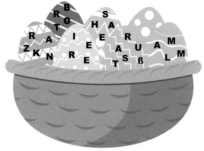

Wie macht man Weihnachtskekse? クリスマスクッキーの作り方

Rezept für „Sterntaler"

Zutaten:
250 g Mehl
225 g Puderzucker
175 g Butter
1 Zitrone
Vanille-Essenz

Zubereitung:

1

250 g Mehl auf den Tisch sieben, in der Mitte eindrücken

2

50 g Puderzucker, Vanille-Essenz, Zitronenschale und Saft einer Zitrone hineingeben

3

175 g kalte (salzlose) Butter in Stücke schneiden, darauf geben

4

schnell zu einem glatten Teig verkneten, dann eine halbe Stunde in den Kühlschrank stellen

5

den Teig etwa 3 mm dick ausrollen

6

Formen (z. B. Sterne) ausstechen, auf ein gefettetes Blech legen – bei 175°C etwa 8 Minuten backen –

7

die abgekühlten „Sterntaler" mit Puderguss bestreichen; dafür 175 g Puderzucker sieben und mit etwa 3 EL. Zitronensaft glattrühren

---

s Rezept, -e レシピ
Sterntaler （クッキーの名前）
e Zubereitung 調理
r Puderzucker 粉砂糖
e Vanille-Essenz バニラエッセンス
sieben ふるいにかける
e Mitte 真ん中
ein|drücken へこます
e Schale, -n 皮
hinein|geben 中へ入れる
salzlos 無塩の
in Stücke schneiden 細かく切る
zu einem glatten Teig verkneten 滑らかな生地になるまでこねる
stellen 置く
aus|rollen めん棒で伸ばす
e Form, -en 型
aus|stechen 型抜きする
fetten 脂を塗る
s Blech, -e オーブンプレート
ab|kühlen 冷ます
r Puderguss 糖衣
bestreichen 塗る
glatt|rühren かきまぜて滑らかにする
EL (=Esslöffel) 大さじ

✎ Schreiben Sie die Sätze im Passiv. 受動態を使って作文しなさい。   als erstes はじめに

1. Als erstes wird das Mehl auf den Tisch gesiebt und _____.
2. _____.
3. _____.
4. _____.
5. _____.
6. _____.
7. _____.

Wechselspiel A ⇄ B

Welche Gerichte zeigen die Fotos? Schreiben Sie die Namen.
写真の下に料理の名前を下から選んで書きなさい。(A auf Seite 20. A は 20 ページ)

B

_____ _____ €   _____ _____ €   _____ _____ €   _____ _____ €

_____ _____ €   _____ _____ €   _____ _____ €   _____ _____ €

> Salatteller der Saison   Bratwurst mit Pommes   Paar Weißwürste mit Brezel
>
> Sauerbraten mit Klößen und Rotkohl   Döner   Rotbarschfilet
>
> Bratwurst mit Kartoffelsalat   Portion Pommes Frites groß

Suchen Sie auf S.10 & 11 vier dieser Gerichte und tragen Sie die Preise ein.
10 ～ 11 ページのメニューにある 4 つの料理を探し、その値段を書き入れなさい。

Fragen Sie sich gegenseitig und schreiben Sie die Preise.
例にならって互いに質問し、値段を書き入れなさい。

A: Was kostet eine Bratwurst mit Kartoffelsalat?   B: Sie kostet _____

B: Was kostet ein Paar Weißwürste mit Brezel?   A: _____

Wechselspiel A ⇄ B

Fragen Sie sich gegenseitig und schreiben Sie die Antworten in die Tabelle.
互いに質問し、答えを書き入れなさい。(A auf Seite 20.)

Ristorante Milano
Italienische Küche

Mo.-Fr. 11:30-15:00, 17:00-00:00Uhr

Wochenende geschlossen

Menü ab € 18,60

kein Außenservice

80336 Schwanthalerstr. 12

www.milano.de

milano@tmail.de

B: Wohin möchtest du gehen?

A: Ich möchte in den Gasthof „Waldheimat" gehen.

Name : _____Gasthof Waldheimat_____

Küche : _____

Öffnungszeiten : _____

Preis : _____

Draußen sitzen? _____

Adresse : _____

Internetseite : _____

Mail : _____

Fragen Sie sich gegenseitig. Benutzen Sie „weil/obwohl" in den Antworten.
互いに質問し、weil または obwohl を使って答えなさい。(A auf Seite 48.)

B	Julia	Daniel	Anna und Leon	Lisa und Peter	Partner/in
	in der Schweiz			in München	

B: Und wo war Daniel am Wochenende?　A: Er _____
　　Was hat er gemacht?　　　　　　　　　_____

Fragen Sie sich gegenseitig und schreiben Sie.
互いに質問し、空欄に記入しなさい。(A auf Seite 64.)

B	Annette	Martin	Kinder	Partner/in
bevor …する前に	zur Party gehen 	seine Freundin treffen _____ _____	ins Bett gehen 	
nachdem …した後で	schwimmen _____	joggen 	aufstehen _____	

A: Was macht <u>Annette</u>, bevor sie zur Party geht?

B: Sie _____. Und was macht sie, nachdem sie geschwommen ist?

Wechselspiel B

Wechselspiel A ⇄ B Fragen Sie sich gegenseitig. (A auf Seite 92.)

B	Lukas	Tim	Anna	Lara	Sie
Fieber haben		ins Bett gehen		zum Arzt gehen	
Hunger haben		im Supermarkt ein Sandwich kaufen		zu Hause etwas Leckeres kochen	
Millionär/in sein		im Garten ein Schwimmbad bauen		einen neuen Sportwagen kaufen	
in Japan wohnen		jedes Wochenende ins Onsen gehen		Kyoto und Nara besuchen	(in Deutschland)

A: Was würde <u>Tim</u> machen, wenn <u>er Fieber hätte</u>?
B: Wenn <u>Tim Fieber hätte, würde er ins Bett gehen</u>.

Grammatik 文法のまとめ

1. 名詞と代名詞

名詞の性・数・代名詞

名詞	男性名詞	中性名詞	女性名詞	名詞複数		
1(主)格	der Mann	das Kind	die Frau	die Männer	die Kinder	die Frauen
	der Film	das Café	die Stadt	die Filme	die Cafés	die Städte
	der Apfel	das Getränk	die Orange	die Äpfel	die Getränke	die Orangen
代名詞	er	es	sie	sie		

人称代名詞と格変化

	単数					複数			単・複同形
人称	1 私	2 君	3 彼	それ	彼女	1 私たち	2 君たち	3 彼ら, それら	2 あなた/たち(敬称)
1(主)格	ich	du	er	es	sie	wir	ihr	sie	Sie
4(直接目的)	mich	dich	ihn			uns	euch		
3(間接目的)格	mir	dir	ihm		ihr			ihnen	Ihnen

再帰代名詞

	ich	du	er/es/sie	wir	ihr	sie/Sie
4格	mich	dich	sich	uns	euch	sich
3格	mir	dir				

冠詞の格変化

定冠詞(類)	男性名詞	中性名詞	女性名詞	名詞複数
1(主)格	der/dieser	das/dieses	die/diese	
4(直接目的)格	den/diesen			
3(間接目的)格	dem/diesem		den/diesen -n	
2(所有)格	des/dieses - (e)s		der/dieser	

不定冠詞(類)	男性名詞	中性名詞	女性名詞	名詞複数
1(主)格	ein/kein		eine/keine	-/keine
4(直接目的)格	einen/keinen			
3(間接目的)格	einem/keinem		einer/keiner	-/keinen -n
2(所有)格	eines/keines -(e)s			-/keiner

所有冠詞 mein (私の) dein (君の) sein (彼/それの) ihr (彼女の) unser (私たちの)
euer (君たちの) ihr (彼ら/それら/彼女らの) Ihr (あなた/たちの) も格変化は同じ。

男性弱変化名詞

1格	der Herr	ein Student	Mensch	Kollege	Neffe	Junge	Kunde
4格	den Herrn	einen Studenten	Menschen	Kollegen	Neffen	Jungen	Kunden
3格	dem Herrn	einem Studenten	Menschen	Kollegen	Neffen	Jungen	Kunden
2格	des Herrn	eines Studenten	Menschen	Kollegen	Neffen	Jungen	Kunden

指示代名詞 **der, dieser**：格変化は定冠詞（類）とほぼ同じ。

	男性名詞	中性名詞	女性名詞	名詞複数
1(主)格	der/dieser	das/dieses	die/diese	
4(直接目的)格	den/diesen			
3(間接目的)格	dem/diesem		der/dieser	denen/diesen
2(所有)格	dessen/dieses		deren/dieser	

定関係代名詞：格変化は指示代名詞 der と同じ。

	男性名詞	中性名詞	女性名詞	名詞複数
1(主)格	der	das	die	
4(直接目的)格	den			
3(間接目的)格	dem		der	denen
2(所有)格	dessen		deren	

不定関係代名詞
wer …する人　was …する（ところの）もの
das, alles, etwas, nichts, 中性名詞化した
形容詞を先行詞とする関係代名詞は was

不定代名詞 **ein** と否定代名詞 **kein**（誰 / 何も…ない）

	男性名詞	中性名詞	女性名詞	名詞複数
1(主)格	einer/keiner	eins/keins	eine/keine	welche/keine
4(直接目的)格	einen/keinen			
3(間接目的)格	einem/keinem		einer/keiner	welchen/keinen

jemand（誰か）　niemand（誰も…ない）　etwas（あるもの / こと）　nichts（何も…ない）

2. 疑問詞

人疑問代名詞 wer（誰）　**was**（何）　**welcher**（どの）　**was für ein**（どんな）

	人	物		男性名詞	中性名詞	女性名詞	名詞複数
1格	wer	was	1格	welcher	welches	welche	
4格	wen		4格	welchen			
3格	wem	—	3格	welchem		welcher	welchen

	男性名詞	中性名詞	女性名詞	名詞複数
1格	was für ein		was für eine	was für
4格	was für einen			
3格	was für einem		was für einer	

wann（いつ）　warum（なぜ）　wie（どのように）　wo（どこで）　woher（どこから）　wohin（どこへ）

3. 前置詞

3格支配の前置詞	ab aus außer bei mit nach zu seit von
4格支配の前置詞	bis durch für gegen ohne um
3・4格支配の前置詞	an auf hinter in neben über unter vor zwischen
2格支配の前置詞	inklusive statt trotz während wegen
定冠詞と前置詞の融合形	am (← an dem) ans (← an das) beim (← bei dem) im (← in dem) ins (← in das) zum (← zu dem) zur (← zu der) vom (← von dem)

4. 形容詞と副詞

形容詞の格変化

定冠詞類がつくとき

	男性名詞	中性名詞	女性名詞	名詞複数
1格	der weiße Hut	das weiße Kleid	die weiße Hose	die weißen Schuhe
4格	den weißen Hut			
3格	dem weißen Hut/Kleid			den weißen Schuhen
2格	des weißen Hutes/Kleides		der weißen Hose/Schuhe	

不定冠詞類がつくとき

	男性名詞	中性名詞	女性名詞	名詞複数
1格	mein roter Hut	mein rotes Kleid	meine rote Hose	meine roten Schuhe
4格	meinen roten Hut			
3格	meinem roten Hut/Kleid			meinen roten Schuhen
2格	meines roten Hutes/Kleides		meiner roten Hose/Schuhe	

冠詞がつかないとき

	男性名詞	中性名詞	女性名詞	名詞複数
1格	guter Wein	gutes Bier	gute Milch/Eier	
4格	guten Wein			
3格	gutem Wein/Bier			guten Eiern
2格	guten Wein(e)s/Bier(e)s		guter Milch/Eier	

形容詞の名詞化

人	男性	女性	複数	男性	女性	複数	事物	
1格	der Alte	die Alte	die Alten	ein Alter	eine Alte	Alte	das Neue	Neues
4格	den Alten			einen Alten				
3格	dem Alten		den Alten	einem Alten	einer Alten	Alten	dem Neuen	Neuem
2格	des Alten	der Alten		eines Alten		Alter	des Neuen	—

形容詞・副詞の比較変化

規則変化 形容詞							副詞
原級	klein	praktisch	alt	kurz	neu	teuer	oft
比較級	kleiner	praktischer	älter	kürzer	neuer	teu(e)rer	öfter
最上級	(am) kleinst(en)	praktischst	ältest	kürzest	neuest	teuerst	am öftesten

不規則変化 形容詞								副詞
原級	groß	gut	hoch	nahe	viel	wenig		gern
比較級	größer	besser	höher	näher	mehr	minder	weniger	lieber
最上級	größt	best	höchst	nächst	meist	mindest	wenigst	am liebsten

形容詞を述語的・副詞的に用いる場合、および副詞の最上級は **am ...sten** の形になる。

5. 動詞

命令形（話し相手＝２人称）

	zeigen	tun	geben	sehen	nehmen	fahren	sein
Sie	**Zeigen Sie!**	Tun Sie!	Geben Sie!	Sehen Sie!	Nehmen Sie!	Fahren Sie!	Seien Sie!
du	**Zeig!**	Tu!	Gib!	Sieh!	Nimm!	Fahr!	Sei!
ihr	**Zeigt!**	Tut!	Gebt!	Seht!	Nehmt!	Fahrt!	Seid!

接続法第 II 式（非現実－事実に反する仮定，丁寧な依頼，婉曲な表現）

Wenn ich Millionär **wäre**, **würde** ich ein Schloss *kaufen*. 私が大富豪だったら、城を買うだろう。

Könntest du mir *helfen*? 手伝っていただけますか。

文と定動詞・過去分詞・不定詞の位置

受動文

Sie **werden** nicht auf Geburtstage *eingeladen*. 彼らは誕生日に招待されない。

Linsensuppe oder Karpfen **wird** auch oft *gegessen*. レンズ豆のスープやコイもよく食べられる。

主文と副文

Ich **bin** zu Haus *geblieben*, *weil* es *geregnet* **hat**. 雨が降ったので、家に留まった。

Wenn das Wetter schön **ist**, **mache** ich eine Radtour. 天気がよかったら、サイクリングをする。

間接疑問文

Anja **fragt**, *ob* es auch in Japan eine Adventszeit **gibt**.
アンヤは日本にも待降節の時期があるのか尋ねる。

Yuriko **möchte** *wissen*, *wann* dieses Jahr der 1. Advent **ist**.
百合子は今年の第一待降節がいつか知りたい。

関係文

Es gibt **viele Menschen**, *die* als Clown verkleidet Fasching **feiern**.
クラウンに仮装してカーニバルを祝う人はたくさんいる。

Gibt es auch in Japan **Feste**, zu *denen* man sich **verkleidet**?
日本にも仮装する祭りがありますか。

Wer den Berliner mit Senf **erwischt**, **soll** im neuen Jahr weniger Glück *haben*.
マスタードの入ったベルリーナーをつかんだ人は、新しい年はあまり運が良くないそうだ。

話法の助動詞の人称変化

不定詞－過去基本形－過去分詞
dürfen-durfte-gedurft/**dürfen**

不定詞－過去基本形－過去分詞
können-konnte-gekonnt/**können**

不定詞－過去基本形－過去分詞
wollen-wollte-gewollt/**wollen**

	現在	過去	接続法II式	現在	過去	接続法II式	現在	過去・接続法II式
ich	**darf**	durfte	dürfte	kann	konnte	könnte	will	wollte
du	darfst	durftest	dürftest	kannst	konntest	könntest	willst	wolltest
er/es/sie	darf	durfte	dürfte	kann	konnte	könnte	will	wollte
wir	dürfen	durften	dürften	können	konnten	könnten	wollen	wollten
ihr	dürft	durftet	dürftet	könnt	konntet	könntet	wollt	wolltet
sie/Sie	dürfen	durften	dürften	können	konnten	könnten	wollen	wollten

mögen-**mochte**-gemocht/**mögen**　　müssen-**musste**-gemusst/**müssen**　　sollen-**sollte**-gesollt/**sollen**

	現在	過去	接続法Ⅱ式	現在	過去	接続法Ⅱ式	現在	過去・接続法Ⅱ式
ich	mag	mochte	möchte	muss	musste	müsste	soll	sollte
du	magst	mochtest	möchtest	musst	musstest	müsstest	sollst	solltest
er/es/sie	mag	mochte	möchte	muss	musste	müsste	soll	sollte
wir	mögen	mochten	möchten	müssen	mussten	müssten	sollen	sollten
ihr	mögt	mochtet	möchtet	müsst	musstet	müsstet	sollt	solltet
sie/Sie	mögen	mochten	möchten	müssen	mussten	müssten	sollen	sollten

動詞 **sein**, **haben**, **werden** の三基本形と人称変化

sein-war-gewesen　　haben-*hatte*-gehabt　　werden-*wurde-geworden*

	現在	過去	接続法Ⅱ式	現在	過去	接続法Ⅱ式	現在	過去	接続法Ⅱ式
ich	bin	war	wäre	habe	hatte	hätte	werde	wurde	würde
du	bist	warst	wärst	hast	hattest	hättest	wirst	wurdest	würdest
er/es/sie	ist	war	wäre	hat	hatte	hätte	wird	wurde	würde
wir	sind	waren	wären	haben	hatten	hätten	werden	wurden	würden
ihr	seid	wart	wärt	habt	hattet	hättet	werdet	wurdet	würdet
sie/Sie	sind	waren	wären	haben	hatten	hätten	werden	wurden	würden

動詞の名詞化

動詞の不定詞は中性名詞となる。

s **Einschlafen** 眠りにつくこと　　**zum Erkennen** von Vogelstimmen 鳥の声を識別するために
zum Tanzen ダンス（するため）に

zu 不定詞句

zu 不定詞句は、主語や目的語として、あるいは名詞や形容詞を修飾する付加語として用いられる。

Aber nun beginnt es *zu* **regnen**. しかし今や雨が降り始める。
Ich habe beschlossen, Polizist *zu* **werden**. 私は警官になることに決めた。
Zu **trinken** gibt es häufig Silvesterpunsch. 飲み物には大晦日のパンチがよくある。
Ich habe auch Lust, Kekse *zu* **backen**. クッキーも焼きたい。
Es hilft mir, die Sprache besser *zu* **verstehen**. それは言葉をよりよく理解するのに役立つ。
Spielen Sie lieber auf dem Handy, als mit Ihren Freunden etwas *zu* **unternehmen**?
　　友達と何かするより、スマホをする方が好きですか。

um … zu … …するために

In der U- oder S-Bahn muss man selbst einen Knopf drücken, *um* die Tür *zu* **öffnen**.
　　地下鉄や都市鉄道では、ドアを開けるために、自分でボタンを押さなければならない。
Viele Menschen stehen an der Straße, *um* Süßigkeiten *zu* **fangen**.
　　たくさんの人々が、甘いものをキャッチするために、道路脇に立つ。

現在分詞

不定詞に -d を付加して作る。「…している」という意味で、形容詞として述語的・付加語的に用いられ、「…しながら」という意味で副詞的に用いられる。

Werden Sie **wütend**, wenn man Ihnen sagt, dass Sie Ihr Handy weglegen soll?
携帯をわきへ置きなさいと言われたら、激怒しますか。

Auf das Handy können zu jeder Zeit *viele* beleidigende und verletzende *Nachrichten* geschickt werden. 携帯には人を侮辱し傷つけるたくさんのメッセージがいつでも送られ得る。

Sie werden **dauernd** gequält. 彼らは絶えず苦しめられる。

6. 不規則動詞の三基本形

不定詞	不規則な現在形	過去基本形	過去分詞
ab|fahren (s.) 出発する	du fährst/er fährt … ab	fuhr … ab 発する	abgefahren
an|bieten 差し出す		bot … an	angeboten
an|bringen 取り付ける		brachte … an	angebracht
an|kommen (s.) 到着する		kam … an	angekommen
an|fangen 始まる、始める	du fängst/er fängt … an	fing … an	angefangen
an|rufen 電話をする		rief … an	angerufen
an|sehen 見る	du siehst/er sieht … an	sah … an	angesehen
an|stoßen 杯を打ち合わせる	du/er stößt … an	stieß … an	angestoßen
an|ziehen 着る		zog … an	angezogen
auf|bleiben 起きている		blieb … auf	aufgeblieben
auf|gehen (s.) 開く		ging … auf	aufgegangen
auf|stehen (s.) 起きる		stand … auf	aufgestanden
auf|treten 出演する	du trittst/er tritt … auf	trat … auf	aufgetreten
aus|denken 考え出す		dachte … aus	ausgedacht
aus|gehen (s.) 外出する		ging … aus	ausgegangen
aus|sehen …のように見える	du siehst/er sieht … aus	sah … aus	ausgesehen
aus|stechen 型抜きする	du stichst/er sticht … aus	stach … aus	ausgestochen
aus|steigen (s.) 降りる		stieg … aus	ausgestiegen
aus|ziehen 脱ぐ		zog … aus	ausgezogen
backen 焼く	(du bäckst er bäckt)	backte (buk)	gebacken
beginnen 始まる、始める		begann	begonnen
bei|tragen 貢献する	du trägst/er trägt … bei	trug bei	beigetragen
bekommen もらう		bekam	bekommen
beschließen 決定する		beschloss	beschlossen
beschreiben 描写する		beschrieb	beschrieben

不定詞	不規則な現在形	過去基本形	過去分詞
bestehen 合格する		bestand	bestanden
bestreichen 塗る		bestrich	bestrichen
bitten 頼む		bat	gebeten
bleiben (s.) とどまる		blieb	geblieben
braten 焼く	du brätst　er brät	briet	gebraten
brennen 燃える		brannte	gebrannt
bringen 持って来る / 行く		brachte	gebracht
denken 考える		dachte	gedacht
dürfen …してよい	ich/er darf　du darfst	durfte	gedurft/dürfen
ein|laden 招待する	du lädst/er lädt … ein	lud … ein	eingeladen
ein|schlafen 眠りにつく	du schläfst/ er schläft … ein	schlief … ein	eingeschlafen
ein|schließen （鍵をかけて）しまう		schloss … ein	eingeschlossen
empfehlen 勧める	du empfiehlst er empfiehlt	empfahl	empfohlen
enthalten 含む	du enthältst　er enthält	enthielt	enthalten
entscheiden 決める		entschied	entschieden
erkennen 把握する		erkannte	erkannt
erschrecken (s.) 驚く	du erschrickst er erschrickt	erschrak	erschrocken
essen 食べる	du/er isst	aß	gegessen
fahren (s.) （乗り物で）行く	du fährst　er fährt	fuhr	gefahren
fallen (s.) 落ちる	du fällst　er fällt	fiel	gefallen
fangen 捕らえる	du fängst　er fängt	fing	gefangen
fern|sehen テレビを見る	du siehst/er sieht … fern	sah … fern	ferngesehen
finden 見つける、思う		fand	gefunden
fliegen (s.) 飛ぶ		flog	geflogen
geben 与える	du gibst　er gibt	gab	gegeben
gefallen 気に入る	du gefällst　er gefällt	gefiel	gefallen
gehen (s.) 行く		ging	gegangen
genießen 味わう		genoss	genossen
gestehen 自白する		gestand	gestanden
gewinnen 勝つ		gewann	gewonnen
haben 持っている	du hast　er hat	hatte	gehabt
halten 止まる、保つ	du hältst　er hält	hielt	gehalten

不定詞	不規則な現在形	過去基本形	過去分詞
hängen 掛かっている		hing	gehangen
heißen …という名である	du/er heißt	hieß	geheißen
helfen 助ける	du hilfst　er hilft	half	geholfen
herum|gehen 歩き回る		ging … herum	herumgegangen
herunter|laden ダウンロードする	du lädst/er lädt … herunter	lud … herunter	heruntergeladen
hinein|geben 中へ入れる	du gibst/er gibt … hinein	gab … hinein	hineingegeben
kennen 知っている		kannte	gekannt
klingen 響く（…のように）聞こえる		klang	geklungen
kommen (s.) 来る		kam	gekommen
können …ができる	ich/er kann　du kannst	konnte	gekonnt/können
lassen させる	du/er lässt	ließ	gelassen
laufen (s.) 歩く、走る	du läufst　er läuft	lief	gelaufen
lesen 読む	du/er liest	las	gelesen
liegen 横たわる、ある		lag	gelegen
lügen うそをつく		log	gelogen
messen 測る	du/er misst	maß	gemessen
mit|bekommen 耳にする		bekam … mit	mitbekommen
mit|bringen 持って来る		brachte … mit	mitgebracht
mit|fahren (s.) 同乗する	du fährst/er fährt … mit	fuhr … mit	mitgefahren
mit|kommen (s.) 一緒に来る / 行く		kam … mit	mitgekommen
mit|nehmen 持って行く	du nimmst/er nimmt … mit	nahm … mit	mitgenommen
mögen … が好きだ	ich/er mag　du magst	mochte	gemocht/mögen
müssen … しなければならない	ich/er muss　du musst	musste	gemusst/müssen
nach|denken 熟考する		dachte … nach	nachgedacht
nehmen 取る	du nimmst　er nimmt	nahm	genommen
nennen 名づける		nannte	genannt
reiben すりおろす		rieb	gerieben
reiten (h/s.) （馬に）乗る		ritt	geritten
scheinen ように見える、輝く		schien	geschienen
schlafen 眠る	du schläfst　er schläft	schlief	geschlafen
schlagen 打つ	du schlägst　er schlägt	schlug	geschlagen
schließen 閉める		schloss	geschlossen
schneiden 切る		schnitt	geschnitten

不定詞	不規則な現在形	過去基本形	過去分詞
schreiben 書く		schrieb	geschrieben
schwimmen (h/s.) 泳ぐ		schwamm	geschwommen
sehen 見る	du siehst er sieht	sah	gesehen
sein (s.) ある	ich bin du bist er ist wir sind ihr seid sie sind	war	gewesen
singen 歌う		sang	gesungen
sitzen 座っている		saß	gesessen
sprechen 話す	du sprichst er spricht	sprach	gesprochen
springen (s.) 跳ぶ		sprang	gesprungen
stehen 立っている		stand	gestanden
stehlen 盗む	du stiehlst er stiehlt	stahl	gestohlen
steigen (s.) 登る		stieg	gestiegen
streiten 争う		stritt	gestritten
tragen 運ぶ着ている	du trägst er trägt	trug	getragen
treffen 会う	du triffst er trifft	traf	getroffen
treiben 行う，追立てる		trieb	getrieben
treten (h/s.) 踏む	du trittst er tritt	trat	getreten
trinken 飲む		trank	getrunken
tun する		tat	getan
überweisen 振り込む		überwies	überwiesen
um|steigen (s.) 乗り換える		stieg ... um	umgestiegen
um|ziehen (h/s.) 着替える、引っ越す		zog ... um	umgezogen
unterhalten (楽しく) 話をする	du unterhältst er unterhält	unterhielt	unterhalten
unternehmen する	du unternimmst er unternimmt	unternahm	unternommen
unterschreiben 署名する		unterschrieb	unterschrieben
verbieten 禁じる		verbot	verboten
verbringen 過ごす		verbrachte	verbracht
verderben だいなしにする	du verdirbst er verdirbt	verdarb	verdorben
vergessen 忘れる	du/er vergisst	vergaß	vergessen
vergleichen 比較する		verglich	verglichen
verlassen 去る	du/er verlässt	verlies	verlassen

不定詞	不規則な現在形	過去基本形	過去分詞
vermeiden 避ける		vermied	vermieden
verschreiben 処方する		verschrieb	verschrieben
versprechen 約束する	du versprichst er verspricht	versprach	versprochen
verstehen 理解する		verstand	verstanden
vertreiben 追い払う		vertrieb	vertrieben
verwenden 使う		verwandte	verwandt
voraus|sehen 予測する	du siehst/er sieht ... voraus	sah ... voraus	vorausgesehen
vorbei|kommen (s.) 通りかかる		kam ... vorbei	vorbeigekommen
waschen 洗う	du wäschst er wäscht	wusch	gewaschen
weh|tun 痛い		tat ... weh	wehgetan
werden (s.) なる	du wirst er wird	wurde	geworden/worden
werfen 投げる	du wirfst er wirft	warf	geworfen
wissen 知っている	ich/er weiß du weißt	wusste	gewusst
zurück|bekommen 取り戻す		bekam ... zurück	zurückbekommen
zurück|bringen 戻す		brachte ... zurück	zurückgebracht
zurück|kommen(s.) 帰って来る		kam ... zurück	zurückgekommen
zusammen|schließen 提携する		schloss ... zusammen	zusammenge- schlossen

(*h* は完了形で助動詞が haben   *s* は sein)

INDEX

新・スツェーネン 2
場面で学ぶドイツ語

2023年2月20日　第1版発行
2024年2月20日　第3版発行

著　　　者　　佐藤修子（さとう　しゅうこ）
　　　　　　　下田恭子（しもだ　きょうこ）
　　　　　　　Daniel Arnold（ダニエル・アーノルド）
　　　　　　　Thoralf Heinemann（トーラルフ・ハイネマン）
発 行 者　　前田俊秀
発 行 所　　株式会社　三修社
　　　　　　　〒150-0001　東京都渋谷区神宮前 2-2-22
　　　　　　　TEL 03-3405-4511 ／ FAX 03-3405-4522
　　　　　　　振替 00190-9-72758
　　　　　　　https://www.sanshusha.co.jp
　　　　　　　編集担当　永尾真理
Ｄ Ｔ Ｐ　　株式会社欧友社
印刷・製本　　日経印刷株式会社

© 2023 Printed in Japan　ISBN978-4-384-13104-8 C1084

表紙デザイン　　岩泉卓屋
本文イラスト　　九重加奈子
　　　　　　　　ハヤシナオユキ
　　　　　　　　阿部順子
表紙見返し
ドイツ地図作成　WESTERMANN

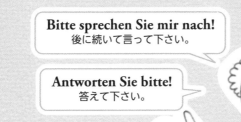

Bitte sprechen Sie mir nach!
後に続いて言って下さい。

Antworten Sie bitte!
答えて下さい。

Bitte wiederholen Sie!
繰り返して下さい。

Haben Sie Fragen?
質問はありますか？

Bitte lesen Sie alle zusammen!
皆さん一緒に読んで下さい。

Hören Sie bitte gut zu!
よく聞いて下さい。

Schlagen Sie bitte das Buch auf Seite ... auf!
本の…ページを開いて下さい。

Sprechen Sie bitte lauter!
もっと大きな声で言って下さい。

Lesen Sie bitte vor!
声を出して読んで下さい。

Fragen Sie Ihre Nachbarin / Ihren Nachbarn!
隣の人に尋ねて下さい。